JN222725

不安や悩みがすぐに消える41の方法

その絶望感って、本当は心のまぼろしじゃない？

ぱやぱやくん

ぱる出版

はじめに

人生は辛いことで溢《あふ》れています。やりたくないこと、嫌なことがたくさんあり、意地悪な人たちもたくさんいます。普通に生活しているだけで嫌になったり、どうしようもないと落ち込んだり、心が折れてしまうこともよくあります。

残念ながら「もうだめだ」と考えて、すぐに絶望してしまうことも多いと思います。だからこそ、**「絶望とは何か？」を理解し、立ち直り方をよく理解しておく必要があります。**そうしたことを覚えておかないと、転んだときに立ち直ることができずに人生が終わってしまうからです。人生は残念ながら辛いことが多いです。挫《くじ》けて転んで涙が出ても、挫折を乗り越えてなんとかやっていく必要があります。

私も実はよく「これでは無理だ」、「もうダメだ…」と何回も挫折し、心が折れています。ただ、**その状況から立ち直るたびに「その絶望はただのまぼろしだったな」と実感するのです。**絶望にはいくつかのパターンが存在し、そのパターンを理解していれば、「自分はただの思い込みで苦しんでいた」と実感し、苦しい状況から立ち直ることができます。

陸上自衛隊における新隊員の教育訓練では「もう歩けないからがはじまり」という言葉がよく使われます。一般社会から陸上自衛隊にやってきた新隊員は、小銃や荷物を持ち、20㎞の道のりを徒歩で歩いていく訓練で「もう歩けません。訓練をリタイアさせて欲しいです。自衛隊をやめさせてください」と泣き言を言うことがあります。ただ、そのような泣き言に対して教官が「そうか、じゃあやめて帰るか」などと言っていては訓練にはなりません。

そこで「もう歩けないからがはじまり」と泣き言をいう新隊員に語りかけ、「辛いときは右足を出せ、次に左足を出せ、それを何も考えずに繰り返せ」や「あそこの電柱まで歩け、そして歩いたら、次の電柱まで歩いていくんだ」などと話をし、心が折れた人をなんとか最後まで訓練達成できるように導いていきます。

もちろん、このような方法は、怪我をしている、病気を患っているなどの「やむをえない事情」があるときは使えません。しかし、体調は問題ないのに「心が折れたからやめます」と言っていては、自衛隊の訓練においても、人生においても終了となり、何も成長することができません。

とある有名なボクサーは練習で「もう限界だ」と感じたときに、「やっと折り返しだ」と思い、さらに追い込んでいたと聞いたことがありますが、心が折れたときは自分の状況を理解した上で、自分を励ます言葉をかけてみる価値は、人生の苦難を乗り越える上で十分にあると言えるでしょう。

最近では「日本は絶望しかない国だ」と叫ばれることも多いですが、この言葉を聞くたびに私は「じゃあ、希望の国を教えてくれ」とよく考えることがあります。私は海外放浪がライフワークですが、どこの国もたいていは絶望の国だからです。先進国であれば少子高齢化、学歴社会、所得格差、物価高、移民問題、高騰する社会保障費などの問題があり、発展途上国であれば、宗教差別、男女差別、独裁政治、王族への不敬罪、未発達の社会福祉などの問題があります。

インドや中国などは現在、急速に経済発展をしているため、一見すると希望に溢れているように思えますが、フェアで公平でクリーンな社会とは言えない部分も多いため、絶望のように感じている国民も少なくないはずです。

また、日本の近くにある北朝鮮は独裁政権で国民に発言の自由はありません。食糧も満足に支給されないのに、政府に文句を言えば強制収容所、韓国ドラマを見ると死刑など「絶望そのものしかない国」と言えます。しかし、そんな北朝鮮においても希望を持っている人たちはいます。それは北朝鮮から逃げ出す「脱北」を目指そうとしている人です。

絶望の国から、豊かで自由な国に行く、これほど希望に満ちあふれ、胸がときめくことは他にないでしょう。ただ北朝鮮から脱北してくる人たちは、命をかけて韓国へ亡命が成功しても、実は脱北前と幸福度が変化しないという統計があります。

北朝鮮と韓国は同じ民族・同じ言語でありながら、文化の違いに上手く馴染むことができず、幸福を感じることができず、北朝鮮の方が良かったとさえ思うことがあるそうです。豊かで自由な韓国は希望の国ではなく、彼らにとって絶望の国になってしまうのです。

つまり、**希望や絶望は環境によるものではなく、心の状況によって大きく変化するものであり、どんな絶望的な状況であっても「そこから抜け出す」という希望の光さえあれば、人間は生きていくことができるのです。**

また、こんなエピソードもあります。精神科医のV・E・フランクルはユダヤ人強制収容所で、極寒の中で強制労働を行なっていた際の帰り道、ボロボロの靴をはいて、頭の中はスープにジャガイモが1個あるか2個あるかで悩んでいるぐらいみじめな時、発想の変換でこう思ったそうです。

「いつか、自分は暖かいホールでこの惨めなエピソードをみんなに話すつもりだ。そのための経験なんだ」と言い聞かせ、苦境を乗り切り、実際にこのエピソードを暖かいホールでみんなに話したのです。

つまり、私が思うに**希望とは誰かから与えられるものではありません。どんな時でも自分で探す必要があり、自分なりの答えを出さなくてはいけないのです。**

自衛隊時代の経験から話をすると、幸せな人とはやはり「希望を見つける人」だと思うことがよくありました。大雨の中での戦闘で泥まみれ、睡眠不足な状態でも「清潔な乾いた靴下」や「清潔な乾いたシャツ」を想像できる人や、ポケットの中のチョコレートやビスケットを食べることを想像し、喜びを感じることができる人がやはり幸せだと言えるからです。

少し長くなりましたが、この本を読んでいる読者の皆さんには「もうダメだ」と絶望に感じたときは「もうこれでおしまいだ」と思わずに「これは心の幻にすぎない」と考え、自分の状況を確認して、「まだまだ大丈夫だ」と立ち直れるように方法を身につけるとともに「希望は自分で見つけるものだ」と考える癖をつけてほしいと私は思います。

本書では
第1章では「ダメだと思ってしまうときにありがちなパターンの説明」
第2章では「人間関係で暗い気持ちにならない方法」
第3章では「もうダメだと思ってしまったときの立ち直り方」
第4章では「自分が幸せだということを忘れない方法」
を紹介しています。

人生は辛い、しんどい、悲しいの連続で心が折れてしまったとしても、読者の皆さんがしっかりと希望を持って、前に進めることを切に願っています。

本文イラスト：なかきはらあきこ
組版・本文デザイン：松岡羽（ハネデザイン）

目次

その絶望感って、本当は心のまぼろしじゃない？
不安や悩みがすぐに消える41の方法

第1章 「もうダメだ」と思ってしまうときは、パターンが決まっている

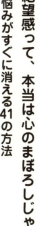

第2章

世の中は大したことない人ばかり、人の目ばかり気にするのはやめよう

第3章 本当にもうダメなの？

第4章 幸せなことに慣れてはいけない

第1章

「もうダメだ」と思ってしまうときは、パターンが決まっている

もし、あなたが「もうダメだ…」と思って絶望してしまった時のために、絶望とはパターンが決まっているとお伝えしておきましょう。そもそも、絶望とは「希望がない」と自分が勘違いしている状態を指すと私は考えています。

本当は絶望では全くなく、希望がたくさんあるのにもかかわらず、自分が勝手に「もうダメだ」と思い込み、投げ出してしまう状態が絶望だと私は考えています。

では人間が人生に絶望してしまう瞬間とは、次の5パターンがいくつも揃ってしまうときだと私は考えています。

①手元にお金がない（支払いが間に合わない）
②体調が悪い（お酒の飲み過ぎ、運動不足）
③他人と話さない（誰とも会話をしない）
④どこにも行かない（家に引きこもってばかり）

⑤知識を得ない（本を読まない、新しい情報に触れない）

この負の5カードが全て揃ってしまうと、人間はすぐに絶望をし、立ち直れなくなってしまうと私は考えています。災害や戦争などでは経済が崩壊してしまう恐れがあるため、どんなにお金があっても暗い気持ちになってしまうでしょう。

想像してみてください。月末に支払うお金がなくて、体調が悪くて、いつも二日酔いで運動不足。そして話す相手すらいない日々のことを。このような状況では誰しもが「もうダメだ…」と絶望的な気持ちになってしまうことでしょう。

一方で「お金がない」ぐらいでは「とても幸せではないが、そこまで不幸でもない」と心の平穏を保つことができ、絶望には至らないように思えます。「お金がほとんどない」という人でも体調がよく、運動をよく行い、人とよく話して、お酒はほどほどであれば、すぐに「幸せだ」と感じる人も多いでしょう。人生に絶望しないためにも、常に自分の状態を確認し、メンテナンスをしていく必要があります。では、よくない状態を乗り越える方法についていくつかお伝えしましょう。

「お金がない」を乗り越える方法

お金がないとは、手元にいくらお金が残っているかよりも、「月末の支払い」に対応できるかどうかが大きなポイントになってきます。なぜなら、いくら収入が増えたところで、支出が増えてしまうと、お金が全く貯まらないどころか、月末の支払いがマイナスとなってしまい、「お金がない」という感覚が消えないからです。お金がないという感覚は現代においては「命がすり減っている感覚」と同じような気分であり、可能な限り避けなければなりません。私も一時期、パチンコにハマっている時期があり、延々と使徒に敗北するエヴァ初号機や、強敵にすぐに敗北するケンシロウを見て、心の底からうんざりするとともに、財布が寂しかった時期があるので、お金とはまさに自分のＨＰ（ヒットポイント）だと実感しています。

自衛隊では新隊員に対して「強制的に積立貯金をさせる文化」がかってあり、教官や班長が通帳を取り上げる形で、貯金をさせることもありました。一見するとひどいように思えますが、若手隊員のトラブルの多くは「お金がない（キャバクラ、風俗、ギャンブル、飲み会での散財）」から発生していることも多く、それらのトラブルを解消するためにも、通帳を取り上げてでも管理をし、お金がない状態がないようにしていた側面もあったのです。

また、お金がないと、いつも頭の中で「月末の支払い」の計算が始まり、仕事のパフォーマンスは下がり、気分も落ち込んでしまうので良いことは一切ありません。もし、あなたが「お金がない」と思ったときは、まず収入を増やすことよりも、支出を減らすことを先に考えることをおすすめします。現在は、ウーバーイーツやクラウドワークスなどの副業でお金を稼ぐこともできますが、お金を増やしたところで「自分へのご褒美」が増えてしまっては本末転倒です。外食・飲み会・通信費・保険料・娯楽費などの見直しをして、その余剰分を貯金に充ててみることからおすすめします。そうすることで収入に関係なく、心に余裕が出てきます。

もし、あなたが社交的な人であれば、ルームシェアや同棲などの「他者と分かち合って生きる方法」も選択肢の一つとして入れてみるといいでしょう。賃貸や生活費のコストを他者と分割することで、ランニングコストを大きく減らすことができます。集団生活に慣れている人や、誰かと生活することに抵抗がない人は、１人で生活をするよりも、誰かと一緒に生活をすることをおすすめします。もちろん、ストレスに感じることもあると思いますが、話し相手が常にいることのメリットもあるので、悪い選択肢ではないでしょう。

「体調が悪い（お酒の飲み過ぎ、運動不足）」を乗り越える方法

自衛官はみんな元気ハツラツで、鬱《うつ》とは無関係な人が多いと思われがちですが、実はそうではありません。現場で身体を動かしている自衛官は元気なことが多いですが、司令部の幕僚（指揮官をサポートする役職）などで「頭をフル回転させる業務」に従事している人は、デスクワークによる運動不足や、ストレスからのお酒の飲み過ぎなどでメンタルダウンをしてしまう人も少なくあり

ません。

新型コロナが流行し、外出することを控えるように日本中で呼びかけられていた時にも、メンタルダウンする人がかなり多かった印象があります。これは在宅勤務や自宅待機による運動不足や、ストレス解消をアルコールに求める人が多かったことに原因があるように私は思います。

そもそも、頭がフル回転しているにもかかわらず、全く運動をしていない状態は、人間の設計上にはない機能であるように私は思えます。人間は生き延びるために「常に良い環境を探す」という本能があります。同じ洞窟に住み続け、周辺地域のバナナなどの果物を食べ続けていると、生存のリスクが高まってしまうため、人は常に何かを探し続けなくてはいけません。つまり、**常に歩き回る、走り回る、重い物を持ちながら考えるというのが人間の基本パターンであるにもかかわらず、頭だけをフル回転させることで、エラーが生じてしまうの**

です。
ランニングや散歩が億劫《おっくう》な人は、エアロバイクなどを購入し、動画サイトの視聴やSNSの投稿を、漕《こ》ぎながら行うことをおすすめします。下にマットなどのクッションを設置し、防音処置をすることで賃貸でも苦情にならずに使うことが可能です（時間帯は配慮する必要はありますが）。

また、筋肉トレーニングもメンタルに対して大きな影響を及ぼします。筋肉トレーニングというとマッチョになるため、痩《や》せるためなどのイメージが浮かびますが、そういうイメージを一旦捨てて「リフレッシュするため」と考えてみるといいでしょう。筋肉トレーニングをすることで、ドーパミンやエンドルフィンなどの脳内麻薬が分泌されるため、憂鬱《ゆううつ》な気分を吹き飛ばすことができます。この気持ちを例えるのであれば、学生時代の放課後がまた帰ってくる感じです。運動不足の人は「この感情がまだ自分にあったんだ」と驚き、感動することでしょう。

私も自衛隊時代、仕事でイライラし、気分が塞《ふさ》いでいたときに先輩幹部に「駆け足に行くぞ」と誘われ、ランニングと筋トレをしたところ、気分が大きく変わり、仕事が捗《はかど》った経験があります。筋トレというとトレーニングジムにあるようなダンベルや、専用の器材をイメージする方が多いと思いますが、そのような器具がなくても、スクワットや腕立て伏せなどでも十分ですし、散歩した先にある公園の鉄棒やベンチを使って斜懸垂《しゃけんすい》（腕立て伏せの低負荷バージョン）などをやってもいいでしょう。

ランニングや筋トレを行うことで脳内麻薬が分泌されるとともに、緊張していた身体もほぐれてよく眠れるようになります。**いずれにしても運動不足は精神不調をもたらすので、定期的に行ったほうがいいでしょう。**

また、アルコールは適量であればストレス解消に良いかもしれませんが、問題は交感神経が高まり、トゲトゲした気持ちを宥《なだ》めるためにお酒を飲むパターンです。緊張をしやすく、繊細な人はお酒を飲むことで精神を癒《い》やすこともあると思いますが、アルコールは毒性の高いドラッグでもあることは忘れてはいけません。耐性がついて酔わなくなって量が増えれば、身体へのダメージも増えていきます。

また、お酒は感情を増幅させる効果があるので、明るい気持ちで飲めば楽しくなりますが、暗い気持ちで飲むとさらに暗い気分になっていきます。お酒を飲むときは「ランニングで30分走ってから」「風呂に30分浸《つ》かってから」「会合や飲み会のとき」などの制限をつけた方が酔いは美しくなりますし、少量で十分に酔うようになります。楽しくお酒を楽しむためにも、ストレス解消のためではなく、頑張った自分へのご褒美的な位置付けに設定した方が良いでしょう。

「限られた人間関係で、誰とも話さない」を乗り越える方法

人間関係を「家族」「パートナー」「職場の人」などに限定をしてしまうと、悪い方向に思考が向かってしまいます。なぜならば、似たような関係の人と同じような話を繰り返していると、「自分の生きる世界の全て」がその会話に集約されるようになり、気分がどんどん憂鬱になってしまうからです。また人間は狭いコミュニティで生きていると「ＮＯ」と言うことが難しくなってしまいます。私は以前、とある地方都市に住んでいたときに、地元の飲食店のオーナーがこのように言っていたことを覚えています。「この街の飲食店で働いている若い子たちは、おじさんたちに怒鳴られても、セクハラされてもＮＯと言えない。愛想笑いをして済ませてしまう。なぜなら「嫌だ」「やめて」とＮＯを突き

つけると、この街で働けなくなってもうこの街に住めなくなると思っているから」と。つまり、**狭いコミュニティで生きていると、思考が狭くなるばかりか、本当に嫌なことがあっても「ＮＯ」と言えなくなってしまうのでいいことがありません。**

このような状況を防ぐためにも、人間関係はある程度の幅を常に持たせておく必要がありますが、新たに入るコミュニティはよく精査をしないとカルト宗教の勧誘や、過激な社会運動、詐欺《さぎ》などのターゲットになってしまう可能性があります。この手の集団は「これが危険な人物です」などのポスターのモデルをよく研究していることが多いので、身なりがよく、愛想がよく、丁寧で、親切な人が勧誘にやってくることが多いです。そのため「この人なら大丈夫だろう」と思い込むことはかなり危険です。

そうならないためにも、価値観を広げるためのコミュニティは以下の項目を重視して選ぶといいでしょう。

①政治的メッセージがほぼない
②宗教的なメッセージが少ない（伝統的な宗教であればある程度は容認する）
③ネットなどに悪い口コミがない
④強制的な参加ではない
⑤老若男女、幅広い層が在籍している
⑥共有の目標がある（身体を鍛えたい、英語を上達させたいなど）
⑦1回あたり1000円〜2000円ほどの徴収金がある（無料は勧誘のリスクが高く要注意）

また、コミュニティの中には「入るのは簡単だけど、やめることが難しい」

というものがいくつか存在しています。数年前のインターネットのサブスクリプションサービス（月額契約）の中には、ボタン一つで契約できるのにもかかわらず、退会方法をわざと複雑にする、電話でのみ受け付けをするなどの手法をとるものもありましたが、これと同様で「やめるのが面倒くさい」というコミュニティは存在します。

そのようなコミュニティに入ると、違うストレスになってしまうことがありますので、コミュニティに加入する前には「いつでもやめることができるか？」を確認した方がいいでしょう。第一印象は良いコミュニティにみえても、入ってみると人間関係がドロドロしている、いきなり宗教勧誘が始まるなど、いい内容ではないこともあります。そうしたときに「やっぱりやめた」とサクッとやめられることが重要になるからです。サードプレイスを持つことで、嫌なときにＮＯと言えることにつながるので、ぜひ良いコミュニティを探してみてください。

「どこにも行かない」を乗り越える方法

私も過去に都心部の主要駅近くの賃貸マンションに住んだことがありましたが、主要駅近くにはスーパー・飲食店・病院・歯医者・本屋・ドラッグストア・トレーニングジム・郵便局・銀行・理髪店・マッサージ店・雑貨屋・家電製品店・家具店・洋服店などが全て揃っているため、誇張表現なしに半径５００ｍ以内で生活の全てを済ませることができました。また、私は在宅勤務だったため、出社の必要がなかったこともあり、生活の全てを５００ｍ以内で完結する生活を続けたことがあります。

その生活を数ヶ月間続けた結果、見事にメンタル不調になりました。これは誰とも話さないことにも近い問題点があるのですが、やはり人間は同じ場所で生活をしていると思考が狭まってしまうようです。これらを防ぐためにも、やはり移動距離は重要なファクターであるように思えます。

もし時間や金銭的な余裕があれば、できる限り海外に行くことを私はおすすめします。日本はとても素晴らしい国ですが、ずっと日本にいると良さがわからなくなることがありますし、同調性が強い文化なので、息が詰まりそうになることもあるでしょう。

海外は、円安の影響もあって遠くは難しいと思う方は、韓国や台湾に行くことを検討してみるのもいいでしょう。韓国や台湾は日本から距離が近く、ＬＣＣなどの格安航空会社の便が多数あるので、東京発でも北海道や福岡と変わらない金額で行くことができます。

また国内でも東京と大阪はかなり文化が違いますし、新しい発見もできます。高速バスを利用することで節約旅も可能です。格安ホテルや民宿に泊まり、好きなお菓子やジュース、弁当を買い込み、窓の風景を見ながらぼんやりするだけで人生を大きくリフレッシュすることは可能です。

ただ、どうしても旅行に行く時間がない方は、電車に乗り、今まで降りたことのない駅で降りて、散策をしてみるのもいいでしょう。見知らぬ土地を散策することで「こんなところにパン屋さんが！」「美味《おい》しそうなコーヒー屋さんがある」と新しい発見があり、気分が晴れやかになり、新しいアイデアが湧《わ》いてくることがあります。

「知識を得ない」を乗り越える方法

人間が幸福を感じるためには「自分の人生がこれから良くなっていく」という実感が必要であり、そのために新しい知識を定期的に学んでいく必要があります。私が思うに知識とは「生活を向上させる知恵」であり、本を読む、WEBで調べる、動画を見るなどの勉強を通して得ることができます。

一方で「生活を向上させない知識」は雑学にすぎない、と私は考えています。現代ではYouTubeやSNSなどで多くの情報にアクセスすることができますが、その多くは「どうでもいい知識」の雑学であることが多いです。知的好奇心をくすぐるが、何も役に立たない知識を、作家のアイザック・アシモフは「トリビア」と表現しましたが、まさにずっと暇を潰《つぶ》すことができるWEBはトリビアの宝箱のようなものです。

雑学を集めても生活は向上することがないどころか、雑学収集をしているうちに「このままで時間を無駄にしていていいのだろうか」という不安と焦燥感が募《つの》っていき、最終的にはただ疲れて終わってしまうことがよくあります。

このような事態を防ぐためにも、情報を調べるときは「自分はいま何の情報が必要で、何をすべきなのか?」をよく考えた方がいいでしょう。

例えば「お金がない」というテーマであれば、「節約術」「副業」「転職」などに絞り、「1日1時間だけ」などと時間を決めておくといいでしょう。たとえ有用な情報であっても、ずっと調べていると不安な気持ちが優位になり、ネガティブな情報ばかりを調べるようになり、「自分はもう無理かもしれない…」と気持ちが落ち込んでしまうことがあるからです。

また、一時期、「世界一幸福な国」として紹介されたブータンは、現在では国民の幸福度が下がり、世界一幸せな国どころか、不幸な国になってしまったエピソードも合わせて紹介しておきます。理由はインターネットが普及し、国民が情報に気軽にアクセスできるようになったところ、「自分たちは貧しく、幸せではなかった」と思い、幸福度が大きく下がってしまったからです。

２０１９年度版の調査では１５６カ国中95位（それ以降はランキングに登場せず）まで順位が下がってしまい、もう幸せな国でなくなってしまったのです。

このように**情報は調べすぎたり、知りすぎると、逆に不安になったり、不幸になってしまうことがあることを理解した方がいいでしょう。**

また、ＷＥＢの情報は有用なものが多いですが、検索履歴から表示されるおすすめが「似たような内容」ばかりになってしまい、知識の幅がどうしても狭まりがちです。ＷＥＢはあくまでも「良い知識の詰まった本を調べる」もしくは「本で読んだ知識の補強」ぐらいに留めておいた方が良いでしょう。

いきなり絶望的な気分になったときは身体のケアをしよう

まず、絶望感を覚えたときには体調の確認を忘れずに行いましょう。メンタルのバランスが崩れているのは身体からのサインが原因も多いからです。もし、意味もなく憂鬱な気分になったときは、自分の状態をよく確認したほうがいいでしょう。塩分は足りているか、糖分が足りているか、水分が足りているか、睡眠が足りているかを確認してください。**人間はこれらの要素が足りていないと、不安症状が起こりやすく、意味もなく悲しい気持ちになってしまうことがあります。**

私は以前、ネパールに行き、標高４０００ｍの位置にあるアンナプルナのベースキャンプまでトレッキングをしている際にいきなり憂鬱な気持ちになり、なぜか「自分は人生の落伍者《らくごしゃ》だ」と思うようになりました。そのときに私はもしやと思い、「乾燥梅」を食べたところ、気分は大きく回復し、憂鬱が嘘のように消え去っていきました。

このときの私の不安の原因は、水分ばかりをとり、塩分をとっていなかったために、低ナトリウム状態による不安症状だったと思います。この経験から、人間は必要な栄養素が足りていないと、不安になりやすく、悲しい気持ちになってしまうことが多いことを学んだのです。

過去にカルト宗教に関する本を読んだ時に、信者の食事の塩分量をあえて少なくすることで思考力を落とし、物事を深く考えられないようにするという手法を取っていたと知りましたが、**塩分は不足しても精神に悪影響が出ることを覚えておいてください。**

また、トレッキング3日目で標高3000mを超えてくると、高山病のリスクがかなり高まり、頭痛や息苦しさ、不安を覚えることが多くなります。私は高山病にかかるかもしれない…と不安に思っていた時に、同行していたガイドさんからこのようなアドバイスを受けたので紹介します。

「高山病は、高山病になるかもしれないという不安から発症することも多い。だから、必要以上に不安に思わない方がいいよ」と。

つまり、高山病は体調だけではなく、心の不安から発症するケースも多く、「高山病になったらどうしよう…」と考えてしまうことで、どんどん不安になってしまうことがあるのです。少し想像をして欲しいのですが、あなたが南の島でシュノーケリングツアーに参加したとします。そこでインストラクターからこのように説明を受けたら、どう思うでしょうか。

「ホオジロサメが数年に1度、現れるので気をつけてください」と。

この後に楽しくシュノーケリングを楽しめるでしょうか？　おそらく不可能でしょう。心が不安に支配され、海に入るのも嫌になるでしょう。

しかし、このように説明されたらどうでしょうか。

「この海は安全ですが、自然界では何が起こるかわかりません。スタッフは危険がないか常に監視をしています。異常があったら笛を吹きますので、ボートに戻ってきてください」

このように全く同じ環境であっても、考え方によって不安感は大きく異なりますし、身体に現れる緊張感なども大きく異なってくるのです。

もし、不安を覚えたときは「まずは身体の状態をしっかり確認する」ということを心がけ、身体の状態を確認した上で「足りない要素」があるようでしたら、一度休憩をして、身体のコンディションを整えるようにしてください。その後は必要以上に不安に思わずに「大丈夫だよ」と自分に言い聞かせてみてください。そうすることで絶望的な気分から大きく回復できる可能性があります。

痛くない時は要注意

痛い、辛い、悲しいというのは、人間としての普通の防御反応です。「ネガティブな感情はよくない」と思われがちですが、ネガティブな感情があるから、人間は危険があるときに逃げることができます。

しかし、人間は本当にピンチのときは、痛さや辛さを感じなくなることがあります。自動車免許を持っている方は、講習でこのように教わったことがあると思います。

「交通事故にあったら、痛みに関係なく必ず救急車を呼ぶように」と。

なぜなら事故が起きたときには興奮状態で痛みを感じにくくなり、骨折など大怪我をしていても、全く痛くなくて、「問題がない」と思って、行動をすることができるからです。ただ、後々になって大怪我をしていたことがわかると、後遺症が残ってしまったり、保険の適用が難しくなったりするため、痛みに関係なく救急車を呼ぶ必要があるのです。

また戦場の手記を読んでいても、銃に撃たれたときはバットで殴られたような衝撃しか感じず、大丈夫だと思っていたら、周りの人たちが大騒ぎをしているのを見て、ようやく自分が撃たれたことに気がついた、などの描写がよく登場するので、**人間は本当にピンチの時には「痛みを感じなくなる」ということを覚えておいた方がいいでしょう。**

しかし、そういう話の中にはまた異なる話もいくつかあり、それを覚えておく必要があります。そうしないと上手くいかないことがよくあるからです。

また、これは精神状態でも同様だと私は考えています。人間には躁《そう》的防衛というものがあり、本当に辛い、悲しい、苦しい時にテンションが高くなって、辛いと感じるどころか「幸せな状態」になるのです。どんなに残業をしても辛くない、むしろ楽しいというときには、それはピンチを乗り切るために、身体のリミッターが外れている状態です。

このような状態を過ぎると、朝が全く起きられない、涙が止まらない、頭が真っ白になって何も考えられないなどの症状が出て、働くことができなくなることがあります。

陸上自衛隊においても「残業時間からが勝負」「代休の数が幹部の勲章」「休日出勤が楽しい」と言っている幹部自衛官がある日突然、うつ病などの精神疾患を発病し、休職することが見られます。

辛い、悲しい、苦しい、しんどいという気持ちは、身体と心を守る大切な感情です。もちろん、これらの感情に心を奪われてはいけませんが、一方で無視をすることも心身に大きなダメージとなることがあります。ポジティブシンキングもほどほどにしておくといいでしょう。

身体が冷えている時は不安になりやすく、暑い時は怒りっぽくなる

不安という感情はそもそも「このままでは危険だから、行動を起こさなくてはいけない」という時に生まれる感情です。寒い日に身体を温めずに冷えたままにしていると、「いま肉体が死に近づいている」と脳が認識してしまい、どうしても不安になりやすくなります。

実際に寒い日にたいして防寒もせず、外にずっといると血行が悪くなっていき、よくわからない不安が襲ってくることがあります。**もし不安が襲ってきた時に、身体が冷えていた時は温かい飲み物を飲む、温かい食事を摂る、もしくは風呂に入るなどのアクションをとることをおすすめします。**

身体を温めるアクションをとると、昂《たかぶ》っていた交感神経も穏やかになっていき、気持ちが落ち着いていき、不安が自然と消えていきます。寒さもまた不安を増幅させると考えておいたほうがいいでしょう。

一方で暑い環境にいると人間は怒りっぽくなるという傾向があります。暖かくなれば肉体の活動は活発的になりますが、暑くなりすぎると発汗による不快感が生まれますし、頭もぼんやりして思考能力が低下していくからです。このような状態だと、たいしたことがないことにイライラし、自分が気が付かないうちに攻撃的になってしまうことがあります。つまらないことで喧嘩《けんか》をしてしまい、人間関係が壊れてしまっては本末転倒です。

陸上自衛隊の演習でも、夏場の演習は「寝れない」「暑い」「風呂に入れない」

という条件になるため、イライラする人が続出し、口喧嘩などが勃発《ぼっぱつ》することがよくあります。ただ、戦う前から暑さに負けて仲間割れをしてしまっては本末転倒とも言えるので、隊員は自分の気持ちをコントロールする必要があります。

そのような状態を防ぐためにも、イライラしたときは何かアクションを起こす前に「これは暑いだけじゃないか？」と一呼吸を置いて、冷たい飲み物を飲む、クーラーが効いた部屋で過ごす、日陰で10分ほど目をつぶるなどの行動をとってみることをおすすめします。そうすることで気持ちが落ち着き、怒りが引き、不必要なトラブルを防ぐことができます。

食欲がないときでもご飯は頑張って食べよう

もし、ストレスで食欲がないときは「交感神経が働きすぎで戦闘モードになっている」と考えてみてください。「戦闘モード」とは、身体が戦いに備えた状態になることであり、ピンチの状態になると「眠くなくなる」「食欲がなくなる」「心拍数があがる」「小さな物音に敏感になる」などの変化が身体に起こるようになります。

想像をして欲しいのですが、もし、目の前にライオンなどの肉食獣がいたときに、「お腹がすいたなぁ」と昔話のお爺さんのように、おにぎりの包みを広げていたらどうでしょうか。そんなことをしていたら１００％食べられてしまうため、ピンチの時には戦闘モードに切り替わり、食欲や眠気などは大きく減少してしまうのです。

また、ストレスが強く食欲がないからと食事をとらないという選択肢をとってしまうと「交感神経が優位で食欲が湧かない→食事を食べない→交感神経が働いたまま→寝付けない」という流れになり、栄養が不足するだけではなく、睡眠不足で疲労が取れなくなり、さらにストレスに弱くなってしまいます。

このサイクルを避けるためにも、まず食事をとるということを留意してください。陸上自衛隊の訓練などにおいても、「食事を抜く」ということはタブーとされており、無理矢理でも食べるように教育をされています。理由としては**「食欲がなく、食べたくないから食べない」という行動をとってしまうと身体や頭が動かなくなってしまうだけではなく、交感神経がずっと優位になってしまい、イライラして性格がキツくなるなどの症状が出てきてしまうからです。**

それゆえに私はストレスで食欲がないときこそ、あえて食事をとるということを勧めたいです。食事をとることによって、副交感神経が優位になり、気持ちが落ち着いてきますし、だんだんとささくれだった気持ちも落ち着いてくるようになります。

もし、どうしてもストレスで食事がとれないときは「風邪でも食べられそうなもの」をチョイスしてみるといいでしょう。具体的にはゼリー系の飲料、カロリーメイトなどの完全食、アイスクリーム、とろろそば、かけうどん、プロテイン、果物の缶詰などになります。ビタミン不足を補うためにも、サプリメントなどもとってみるといいでしょう。こうしたものを食べると「自分は実はお腹が空いてたんだな」ということに気がつくことができますし、だんだんと食欲が湧いてきて、普通に食事がとれるようにもなります。

もちろん、そのような食事を3食とっていては健康によくありませんが、人間は「何も食べることができない」という状態になると栄養不足になるとともにに、気力がなくなってしまい、一気に弱ってしまうため、食べないよりも食べたほうがいいと言えます。ただ、何日もゼリー系の飲料やアイスクリームなどしか食べることができないという場合は、無理をせず病院で診察してもらうことをおすすめします。

どうしても寝れない人は…

夜中にどうしても興奮をしてしまう、嫌なことを思い出してしまう、ついついウェブサーフィンをしてしまうなどの理由でなかなか寝れないタイプは、睡眠外来などに行ったほうが良いでしょう。近年の中国で流行っている言葉に「リベンジ夜更《よふ》かし」というものがあります。

リベンジ夜更かしとは、日中の仕事時間で失われてしまった自分の人生を、夜中に取り戻そうとして深夜まで夜更かしをすることを指します。リベンジ夜更かしが常態化すると、平日の深夜まで映画・漫画・ゲームなどに夢中になり、布団に入ってからも興奮をして、なかなか寝つけず、寝不足のまま会社に行き、仕事で大きなパフォーマンスを上げることができません。

そうなる前に夜中になかなか眠れない人や、夜更かしをしがちな人は睡眠外来を受診して、医師の判断の下、必要であれば自然な眠気を誘発する薬や、心を落ち着かせるような薬を処方してもらうといいでしょう。

私もなかなか眠れないときに睡眠外来に行き、睡眠導入剤を処方され服用したところ、夜に自然な眠気がくるようになり、夜更かしをすることがなくなりました。また、しっかりと眠ることで疲れが取れるようになり、朝の目覚めも改善され、生活が大きく改善しました。

生活のリズムが整うとともに、十分な睡眠で頭もシャキッとするため、夜になかなか寝付けない、どうしてもリベンジ夜更かしをしてしまう人は一度、睡眠外来を受診してみてもいいでしょう。

緊張を解いてみる意識を持とう

疲れやすい人は「筋トレをすればいい」という論調が現在ではありますが、この意見に対して私は「そうかな」と疑問に思うことがよくあります。なぜなら、疲れやすい人は「体力がない」というよりも「ずっと緊張をしている」というケースがよくあるからです。

人前に立つ、初対面の人と話す、やったことのない仕事をする、上司に報告をする、新しい場所に行くなどの日常の動作で「失敗したらどうしよう…」と悩んでしまうとともに、すぐに筋肉が緊張してエネルギーを消耗してしまうのです。

私もすぐに緊張して疲れてしまうタイプなので、筋トレをしても疲れにくくなるどころか、筋肉量が増えて、緊張の強度が高まるとともに、汗をよくかくようになって逆効果でした。

つまり、すぐに緊張してしまって疲れやすい人は筋トレをしても、疲れやすさが変わらないどころか、筋肉量が増えて、さらに疲れてしまうことがあると私は思っています。そこで疲れやすい人は「身体を鍛えること」と同時並行で「脱力をしてリラックスをすること」をおすすめしたいです。現在はYouTubeで脱力の方法やストレッチヨガ、呼吸法の動画が数多くアップロードをされているため、それらを見ながら、寝る前に深呼吸やストレッチをしつつ、脱力方法を学んでいくといいでしょう。

また、疲れやすい人は「モノローグが多い」という特徴もあると私は思っています。モノローグとは「心の中の独り言」のようなものです。人気シリーズの『孤独のグルメ』という作品では井之頭五郎という主人公が食事を目の前にして、「これはうまそうだ」と心の中で呟《つぶや》くように、疲れやすい人は常にモノローグで溢れているのに、それらがネガティブな内容ばかりなので、心の中がいっぱいいっぱいになってしまうと共に、自分を責めるようになって疲れてしまうのです。

モノローグを増やさないためにおすすめしたいことは「今に集中する」という作業です。心の中で色々と考えてしまう人は、思考が過去や現在に飛んでしまい、目の前のことに集中できずに悩んでしまうという傾向があります。

そのようなことを避けるためにも、今に集中する作業を大切にしてみてください。例えば「風はどこから吹いているか」「コーヒーの香りはどうだろうか」「いま飲んでいる水は何度だろうか」など身体で感じることに意識を傾ける、嫌な記憶が浮かんできたら「それは今関係ないでしょ」と自分の心に言い聞かせる、寝る前に余計なことを考えず「心を無にする練習をする」などを試してみてください。

そうすることで心の中の余計なモノローグが消えていき、気持ちの省エネをすることができます。疲れやすい人は筋トレだけをするのではなく、「脱力する練習」と「何も考えない練習」をぜひ試してみてください。

第１章まとめ

①絶望の本質

絶望とは「希望がない」と自分が勘違いしている状態。実際には希望がたくさんあるが、自分が「もうダメだ」と思い込み、投げ出す状態が絶望。

②絶望に至る５つのパターン

お金がない：支払いが間に合わない。
体調が悪い：お酒の飲み過ぎ、運動不足。
他人と話さない：誰とも会話をしない。
どこにも行かない：家に引きこもり。
知識を得ない：本を読まない、新しい情報に触れない。

③絶望的な気分になったときの対処法

体調を確認し、必要な栄養素が足りているかをチェックする。
体のケアがメンタルの安定に繋がることがよくある。

④痛みの感覚とピンチ時の反応

痛い、辛い、悲しい感情は防御反応であり、危険を知らせる。
真のピンチ時には痛みを感じにくくなることがある
（例：交通事故、戦場の手記）。
事故が起きた直後は骨折や大怪我でも痛みを感じないことがあり、救急車を呼ぶことが重要。

⑤精神状態と防御メカニズム

辛い時にテンションが高くなることがあり、これは精神的な防御反応。
疲れやストレスで食欲がなくなると、交感神経が働きすぎている状態。

食事を摂ることで副交感神経が優位になり、気持ちが落ち着く。

⑥身体の状態と感情

寒いと不安になりやすく、温かい環境が気持ちを落ち着かせる。暑いとイライラしやすくなるので、冷たい飲み物やクーラーで対処する。

⑦ストレスと食事

ストレスで食欲がない場合でも食事をとることが大切。食事をとらないと交感神経が優位になり、さらにストレスを感じやすくなる。

ストレス時にはゼリー系飲料やアイスクリームなど、食べやすいもので栄養を補う。

⑧ 睡眠と夜更かし

リベンジ夜更かし（深夜まで起きていること）は睡眠不足を招き、パフォーマンス低下につながる。

睡眠外来を受診し、必要に応じて適切な薬を処方してもらう。

⑨ 疲れやすさとリラックス

疲れやすい人は筋トレよりもリラックスを重視することが有効。

緊張を解くために深呼吸やストレッチを行う。

「今に集中する」ことでモノローグを減らし、心の省エネを図る。

コラム

歌は心を繋げる

東日本大震災の際に災害派遣された自衛隊員の中には、ハードロックをこよなく愛する若い隊員がいました。その彼の口癖は「日本のJ-Popはクソだ！　アメリカの男臭いロックこそが最高だ」とのことでした。

おそらく今の若い人にはピンとこないかもしれませんが、2010年代のJ-Popは現在ほどテレビで多様な内容が放送されておらず、アイドルソングが全盛期を迎えていました。そのため、国民的な大ヒット曲もあまり生まれず、「J-Popが嫌い」という若者が一定数存在していたのです。

しかし、そのJ-Pop嫌いの若者が災害派遣から帰ってくると、神妙な顔

で「日本の歌っていいよね。Ｊ－Ｐｏｐが好きになったよ」と呟くようになりました。彼を知っている人々は驚き、「なぜ？　あんなに日本の歌が嫌いだった彼が、災害派遣を経てそんなに変わったのだろうか」と疑問に思ったそうです。

彼に聞いたところ、このように答えたそうです。

「被災地の体育館の雰囲気は本当に悲壮感が漂って辛い現場だった。テレビをつけても暗いニュースしか流れておらず、気分が滅入《めい》りそうだった。でも、ＮＨＫで童謡が流れた時、テレビと一緒に小さな子どもたちが歌い出した。その瞬間だけ、辛い災害派遣の現場に希望が現れた気がしたんだ。その後も、辛い時に避難所の人たちが歌い出したり、自衛隊のテントの中で同期たちと合唱したりすることで、辛い中にも希望を見出せることができた。歌が人の心を繋げることができると実感したんだ。決して、僕の好きなロックでなくても、みんながが知っている歌をみんなで歌う時、希望や勇気が湧いてくることをその時実感したよ」と。

確かに私たちはコンサートや野外フェスで大合唱する際に、非常に感動や興奮を味わいます。古代から人類にとって歌は、神や精霊に近づく手段や戦いに向けて勇気を与えるものであり、現代社会においても、職場での社歌合唱が特別な感動を呼ぶことは少ないですが、本質的には歌が心を繋げ、集団の力を強化する力があると言えるでしょう。

オリンピックを見ても、集中力を高めるために音楽を聴く選手が多いですし、野球やサッカーの応援では楽器と歌を使ってホームチームを鼓舞しています。歌は潜在的に人間の能力を底上げする力を持っているのです。

かつての日本軍は国家としての士気を高めるために雄々《おお》しい曲をたくさん作成しましたが、それらは実際には戦場の兵士たちに愛されることはありませんでした。むしろ、自分たちの絆《きずな》について歌った曲や辛い境遇を耐え抜くための曲が好まれました。「同期の桜」や「雪の進軍」などがその例です。

レンジャーや陸曹教育隊に入校すると、「お前たちのテーマソングを決めて、辛い時に歌え」と指導されることがあります。例えばゆずの「栄光の架橋」やウルフルズの「ガッツだぜ!!」など、一般的な歌謡曲を少しアレンジしてテーマソングとして設定したりします。一見するとテーマソングなんて決めて楽しそうに思われるかもしれませんが、これは隊員にとってはむしろ試練の一環です。訓練中に銃を持って駆け足をしたり、トラックの中で寝ないように歌わされたりするため、次第に歌うことが嫌になってくることもあります。

しかし、訓練が終わって自分たちのテーマソングをふと聞くと、辛かった思い出がなぜか楽しかった思い出のように浄化されるのが不思議です。私の知り合いの陸曹教育隊では、サザンオールスターズの「希望の轍《わだち》」を替え歌にしてテーマソングとしていました。「泥に塗《まみ》れ～　駆ける車道～　陸曹への旅～」のような替え歌でしたが、卒業前日に歌ったところ、今までニコリとも笑わなかった厳しい教官が泣き出して学生たちが驚いたそうです。教官は「ちょっと目に風が染みただけだ」と言っていましたが、学生の一人がそれを見て「教官は本当は優しいんだろうな。本当は最後まで厳しい教官でいたかったけど、音楽の魔法がそうさせなかったんだ」と言いました。

音楽は人間を強くする。まさに鬼の目にも涙があるのです。

コラム

物事の価値は一つの定規で測れない

今ではだいぶ下火になりましたが、昔の陸上自衛隊は格闘技や駅伝にかなり力を入れており、関連する大会も盛んでした。なぜ陸上自衛隊で格闘技や駅伝が盛んだったかというと、米軍のように大規模な訓練施設や予算がなかったため、とりあえず体を鍛えて強い組織を作ろうという考えから始まったのだそうです。

「現代戦では格闘技は役に立たない」と考える人も多いかもしれませんが、実際には、小銃の扱い方を極めていくと格闘技と密接に関連していることに気づかされます。戦場は射撃場ではなく、強靭《きょうじん》な肉体と精神、そして身体のコントロールが求められるのです。

確かに、格闘技や駅伝に費やしていた時間を一般的な戦闘訓練に割り当てれば、単純に強い部隊が作れるように思えますが、実際には部隊の強化には単純には繋がらないのが現実です。なぜなら、格闘技や駅伝を行うことで、組織の活性化や人材の活用に繋がる側面があったからです。

これはどういうことかと言うと、企業が実業団で野球チームを持つのと同様に、チームの応援などを通じて帰属意識の向上や広報的な効果もあったからです。また、自衛隊は営利企業ではないため、「売上」や「利益率」で評価されることはありません。定期的に協議会などを行い、組織全体で切磋琢磨《せっさたくま》しないと弛緩《しかん》しやすい傾向があります。そのため、競技会を開催し「銃剣道の1中隊」「駅伝の2中隊」「ラッパの本部管理中隊」などの組織ごとのブランディングを図り、組織を強化していくのです。この話を聞くと、「では、単純に訓練中に切磋琢磨させればいいのではないか？」と思われるかもしれませんが、役職が「小銃手」「砲手」「通信手」「レーダー手」とバラバラであるため、訓練で無理に切磋琢磨させると不平不満の原因になりかねません。

よく、陸上自衛隊の改革派指揮官が「格闘技や駅伝をやめて訓練時間を増強し、精鋭化を図る」と主張することがありますが、このような改革は部隊の現状を把握しないまま行われることが多く、現場の不平不満の温床となり、退職者が続出して結果的に戦力が低下することがしばしばあります。このような指揮官は若い頃に「格闘技が弱く、格闘指導官に厳しく指導された」経験があり、その逆恨みから自分が偉くなった時に格闘技や駅伝を廃止しようとするのはよくある話です。

確かに、自衛隊は有事のために力を発揮する組織ですので、「無駄な格闘技に時間を割くのは仕方がない」と思われるかもしれませんが、そもそも戦闘訓練をどれだけ行っても、隊員の士気が下がってしまうと、それは「劇団陸上自衛隊」になってしまいます。むしろ、無駄な訓練を多く行うほど組織が疲弊し、有事に耐えられなくなってしまうのです。特にZ世代ではその傾向が顕著です。

Z世代は自分のやりがいや価値観を大切にするため、やる気のある新隊員が「劇団陸上自衛隊」を見て辞めてしまうことがよくあります。逆に「駅伝の2中隊」のような部隊に配属されると、やりがいを見つけて長続きすることが多いのです。このような部隊では、たとえ駅伝が遅くても組織のファミリー化が進み、自分の立ち位置を見つけやすくなります。また、組織自体にも「令和になっても駅伝に力を入れてくれる2中隊と所属隊員を大切にしよう」という愛着心が生まれやすいのです。

一方で、「劇団陸上自衛隊」のような部隊では、上記の逆の現象が発生することがあります。これは一般企業にもよく見られることで、「無駄な会議を辞めよう」「無駄なハンコを押すのを辞めよう」「職場の飲み会を辞めよう」「その代わりに今までの2倍の売上を達成しよう」といった改革が行われると、必要な要素まで廃止され、職場環境が急激に悪化することがあります。改革を実施する際に効率ばかりに注目し、本質を見失ってしまうと、「実際に働いている人の働きやすさを度外視する」「人がロボットのように酷使される」「組織への愛着心が欠ける」といった問題が発生します。

また、採用に対する影響も大きいです。かつて陸上自衛隊は駅伝に力を入れ、全国の様々な駅伝に出場していました。その結果、全国の駅伝業界にネットワークが生まれ、強豪駅伝部で鍛えた体力と精神力のある隊員が大量に採用されました。しかし、自衛隊が駅伝を縮小すると、強豪駅伝部で競技をしていたような高校生はほとんど入隊しなくなりました。駅伝部出身の高校生は体力があり真面目なので、大体、警察や消防署、市役所などに採用される傾向があります。雇用条件が安定した現在では、運動部に入っていたことが好まれることが多いです。

これは駅伝だけでなく、格闘技にも当てはまります。近年、新隊員の低体力化が問題になっていますが、その一因として「自衛隊のスポーツによる広報力の低下」が挙げられるのは間違いないでしょう。確かに、「格闘技や駅伝をやって本来業務を圧迫するのは本末転倒」ですが、「本来業務が過多になったため格闘技や駅伝を廃止する」のは些《いささ》か安直すぎるように思います。

「風が吹けば桶屋が儲かる」という言葉があるように、世の中では全く関係ないと思われる事柄が密接に繋がっているのです。あなたの会社で改革が行われる際には、効率ばかりに注目せず、本質を見失わないように注意が必要ですね。

第2章

世の中は大したことない人ばかり、人の目ばかり気にするのはやめよう

すぐに絶望してしまう人には、自分のことをすぐにダメだと考えてしまう傾向があるように思います。自分は人よりも劣っている、人よりもできない、上手くいかないと考えることが多いと、人生を前に進めることが難しくなります。私もそのように考えることが多く、さまざまなことを諦めて生きてきた傾向がありました。

現在、会社員として働いている方の中には「多くを諦め、ここに辿《たど》り着いた」と考えている人も多いと思います。そして、その諦めは「挑戦した結果、無理だと思って諦めた」というよりも、「最初から無理だからやらなかった」というケースが多いのではないでしょうか。私も実はそんな人間で、いろんなことを諦めてきました。しかし、**人生で成功する人たちは「ダメかもしれない」と思ったときに「だから、やらない」ではなく、「だけど、やる」を選択します。**後者の選択をした人間だけが、世の中の表舞台で成功を収めます。世の中には実は大したことがない人たちばかりですが、その大したことのない人たちが必死に努力をすることで、多くのことを成し遂げているように思えます。

今回は私が経験したエピソードを含め、挑戦する重要性をお伝えできればと思います。

私は高校時代から「小説家になりたい」「文章を書く仕事をしたい」と思っていました。当時からも「文章が上手い」と褒められることが多く、友人からも「文章で飯が食えそうだな」と言われることが多かったです。しかし、私は防衛大学校に進学し、文章を書いて発信するどころか「文章を発信してはいけない」という立場になりました。


これはドラクエで例えると、呪文を使えなくなった魔法使いのようなもので、自分で自分の才能を封じてしまったのです。そうして私は徐々に自衛隊に染まっていき、「文章を書く仕事なんてやれるわけないし、芥川賞なんて取れるわけない」と全てを諦めて、挑戦すらせずに生きていました。しかし、それは大きな間違いで、私の勘違いでした。組織がどうだ、周りがどうだと言おうが、成功しようが失敗しようが関係ありません。もし**「自分には才能がある」と感じ、運命のようなものを感じているならば、挑戦すべきだからです。**そう思うようになったのは、2022年に元幹部自衛官の経歴で芥川賞を受賞した砂川文次先生との出会いでした。

実は砂川文次先生とは勤務していた駐屯地が同じだった時期があり、当時は面識はありませんでしたが、おそらく同じテーブルで砂川文次先生と私は食堂でからあげなどを食べていたのです。そもそも、自衛隊出身の作家はかなり少数で激レアと言っても過言ではないのに、2人は同じ場所で同じ時間を共有していたわけです。

当時の私はまだ作家になる夢に未練があり、「自衛官ではなく、文章を書く仕事をしたい」と考えていた一方で、「文学賞を取れるわけないし、自衛官からライターになれる道もない。部内でも文章を書く業務なんてないし、そういう夢は諦めよう」と最初から諦めていました。私の唯一の得意分野である「文章を書く」という才能に自分は勝手に見切りをつけ、大人になろうとしていたのです。何かにいつも我慢している司令部にいる幕僚のように。

しかし、砂川文次先生は「自分は小説家になろう」と決意し、文學界新人賞を受賞し、２０２２年には芥川賞を受賞しました。当時の私は本当に驚きました。「え！ 元陸上自衛官でも芥川賞を取れるの!?」と。その後、「才能がある人はやっぱりすごいなぁ。自分には絶対取れない」と自分の才能のなさを嘆いたのも覚えています。

私はそのとき、1作目である『陸上自衛隊ますらお日記』を出版した時期でした。ただ、砂川文次先生は芥川賞を受賞し、私は「よくわからない本」を書いただけでした。この差に「あはれ」と思いましたが、とりあえず砂川文次先生に自分の本を献本し、いつか会いたいなぁと思いつつ、特に接点がなく、時は流れていきました。

　ある日、思いつきで行っていた海外旅行で防衛大の同期とたまたま出会い、「おれは砂川さんと仲良しだよ」という話があったので、みんなで都内で飲むことになりました。この流れが意味不明ですが、防衛大の卒業生にはなぜか「日常ではあり得ないミラクル」が起こりやすく、魔法のパワーがあるのです。学生舎の廊下を狂ったように磨いた徳のおかげでしょう。

　砂川文次先生と出会ったのは赤坂の割烹《かっぽう》と言いたいところですが、高円寺の汚い焼き鳥屋でした。歌舞伎町のマンボーよりも薄い壁の個室でしたが、「ここに芥川賞作家がいると言っても、高円寺は自称クリエイター系のホラ話が多いから大丈夫だろう」と思い、みんなで好き放題にお話ができました。

　飲み会の中で「私が一番好きな作家はウラジミール・ナボコフです」と言ったところ、なんと砂川文次先生のウエストポーチから『ナボコフの文学講義』の文庫本が出てきたのにはおったまげました。まさにミラクルです。確かにナボコフは偉大な作家ですが、ナボコフを読んでいる人に出会ったことがなかったからです。これもまた運命的なものを感じました。

その後も様々な話をしましたが、砂川文次先生と私は共通点が比較的多く、自衛隊の面白い話もたくさんし、まさしく「最高に楽しい日」と言えたでしょう。

その飲み会の帰り道の電車で、私はふと思いました。「砂川文次先生が芥川賞を受賞し、自分が芥川賞を受賞できなかった理由はなんだろうか?・」と。この答えは一つしかありません。

砂川文次先生は「小説を書いて応募した」が、自分は「小説を書くことすらなく諦めた」、これが全ての答えです。もちろん、小説家としての才能などの話もありますが、私も適当に始めたアカウントから本を7冊出版しているということは、文才という面ではもともと及第点にはあったはずです。しかし、私は自分の才能をなかったことにして、いつも諦めていました。だから、芥川賞どころか小説すらも書かなかったのです。

一方で**砂川文次先生は自分の才能を信じ、小説を書き、文学賞に応募しました。この差が人生を変えるとても大きな差だったのです。**

この一連の経験から、**人間は「成功する、失敗する」ではなく、それが自分の運命だと思ったらやらなくてはいけない、と強く思うようになりました。**自分が小説を書きたいと思ったならば、売れる売れない、評価される評価されないに関わらず、やらなくてはいけません。その運命を無視し、諦めてしまうと、自分の人生は空虚なまま終わってしまうからです。

もし、あなたにやりたいことがあって、それを運命のように感じるのであれば、やるべきです。人生があなたに求めていることを無視して諦めてしまうと、何も始まらずに終わってしまうでしょう。そして、人間は少しの出会いで成長し、運命が大きく変わっていきます。少しでも違う自分になれるように多くの人に会っていくといいでしょう。

狭い人間関係でずっと生きていると具合が悪くなる

いつも同じ人ばかりに会う、新しい人に会わない、そもそも人に会おうとしない…といった行動パターンを繰り返していくと、だんだんと世界が狭まっていき、自分の実力を必要以上に高く評価したり、下げて考えて、自信過剰になることや自信がなくなってしまうことがあります。

特に周りを自分よりも優秀な人に囲まれてしまうと、もうダメだ、なんかうまくいかない、自分はどうしようもない人間だと勘違いして、苦しんでしまうことさえあるでしょう。しかし、それは、サッカーのプロリーグであるＪリーグで言えば、あなたが所属しているのがＪ１リーグだからかもしれません。

Ｊ１リーグにはトップクラスの実力を持った優秀選手が多数所属しているため、あなたがＪ２のトップクラスの選手であっても、Ｊ１の中では「いまいちな選手」になってしまうことがあるのです。

それと同じで、あなたは優秀だからこそ、優秀な人たちに囲まれるようになり、「自分には実力がない…」と考えて、暗い気持ちになってしまうこともあるのです。私もよく「自分には何も実力がない」「もう何も才能がないからやめたい」と考えることがありますが（本書を執筆している今もそう考えています）よくよく考えてみると「自分にはある程度の実力と才能があるからこそ、悩んでいる悩み」というところもあります。例えば、私が良い文章が書けないと思っていても、それは「第一線で活躍している作家と比較して書けない」という比較をしている、自分は優秀ではないと思っていても「防衛省でエリートコースを進んでいる防衛大の同期と比較すると優秀ではない」、ということもよくあります。

つまり、自分がダメで仕方がないと思っていても、それは「実は才能や実力があるから悩んでいる悩み」ということもよくあるのです。そして、自分で自分のことを「ダメだ…」と思ってしまうと、さらに実力が発揮できなくなり、どんどん救いようのない気持ちになり、実力が発揮できなくなり、落ち込む負のループに突入することになります。

このような事態を防ぐためにも、勉強会や異業種交流会、ネットのコミュニティなどに参加し、「他の人の実力」を理解してみるといいでしょう。そうした会に参加するとわかりますが、全く実力がないのに自信に満ち溢れている人や、高い実力があるのに暗い顔をしている人がいることなどがわかりますし、自分の本当の実力というものがなんとなくわかるようになります。

自信がなくなったときは「周りと比較して勝手に落ち込んでいる」ということがよくあります。自信がない時こそ、あえて多くの人と交流する勇気のようなものを持ってみるといいでしょう。

ぶつかりおじさんに気をつけよう

世の中には「ぶつかりおじさん」という迷惑な人たちがいます。ぶつかりおじさんとは駅や繁華街などの雑踏でわざとぶつかってくる人たちです。ぶつかりおじさんは「スマホを見ながら歩いている人」や「よそ見をしながら歩いている人」に対して、真っ直ぐ対面で向かっていき、わざわざ肩などをぶつけてくる迷惑な存在です。

なぜぶつかるかというと、単純にストレス解消のためです。さらにぶつかる相手もちゃんと選定しています。ぶつかりおじさんたちは自分よりも弱そうで、文句をつけてこなさそうな相手を選んでいます。例えば、「ずっとスマホを見ながら歩いている女性」にぶつかったとしても、「あんたがスマホを見ているから悪いんだろ」と理由をつけることができますし、喧嘩になっても勝てそうな相手なので「特に問題がない」と考えてぶつかってきます。自分よりも体格がよく、和彫りの刺青《いれずみ》が入っているような男性にぶつかってくることはまずありません。

また、ぶつかりおじさんが厄介なのは「悪いのはアンタだろ」とすぐに言ってくる点でもあります。気が弱い人であれば「悪いのは自分だ」とすぐに謝ってしまいそうですが、本当は向こうに責任があって、悪いのはあなたではないパターンも多数あることも忘れてはいけません。

ぶつかりおじさんたちを避ける最善策は「隙を見せない」「弱そうに見せない」「面倒くさそうな相手だと思わせる」などの方法があります。たとえ、身体が小さい若い女性であっても、鋭い目つきで警戒しながら歩いているとぶつかりおじさんは普通に回避することができます。

ぶつかりおじさんはあくまでも一例ですが、世の中には「意味もなくクレームをつけてくる人」、「ネットで誹《ひ》謗《ぼう》中傷を繰り返す人」、「職場にいる意地悪な人」などが大勢いますし、そういう人たちは「悪いのはあなたです」とすぐに人のせいにしてきます。そのような状況を避けるためにも、弱そうな見た目、弱そうな目つき、ぼんやりとした姿勢は避けることを留意してください。

もし、相手が突っかかってきたら、やり返すぐらいの気持ちは持っておかないといけないのです。

攻撃的な人ほど実は自信がない

攻撃的な人に出会うとすぐに萎縮《いしゅく》してしまう人へのアドバイスですが、攻撃的な人たちは実は自信がなく、打たれ弱いということが多いです。前述したぶつかりおじさんの例もそうですが、自信に満ち溢れている人たちは「駅で弱そうな人たちにぶつかろう」とは思いません。

自信がなく、ストレスを抱えているからこそ、「相手が自分よりも弱い立場」で「文句を言わなそう」だから、ぶつかってくるのです。そのことを考えると、攻撃的な人たちは面倒くさそうな相手にはあまりやってこないとも言えます。

学校や職場でも「よく怒られている人」はたいてい自信がなさそうで、すぐに謝って、口答えをしない素直な人が多い印象です。注意をしたら、口答えをしてきそうな相手に対しては「いちいち注意していては、こちらが疲れる」と考えて、あまり注意をしないでしょう。

また怒られた時に「申し訳ありません」と必要以上に謝ったり、相手に対して「いつも頑張っているね」と優しさを見せると逆に「こいつは弱そうだから、何をしても大丈夫だな」と思われてしまうことがあります。

世の中はいい人ばかりではなく、意地悪な人や攻撃的な人もたくさんいます。つまらないことで攻撃されないためにも、「毅然《きぜん》とした態度」や「面倒くさそうなオーラ」を出しておくことが大切と言えるでしょう。そうしないと「悪いのはアンタだろ」と言われてすぐに落ち込んでしまいますからね。

誰かに見られることでシャキッとする

人は誰かに見られることでシャキッとし、気持ちが整うことがよくあります。
私は１人で仕事をしていることが多いですが、やはり誰にも見られずにいると、

「見た目なんてどうでもいいかな」と思い、どんどん服装が適当になって、気持ちまでだらしなくなっていき、気力がなくなってしまうことがあります。

自衛隊では「靴の輝きは心の輝き」、「服装の乱れは心の乱れ」とよく言われることがありますが、靴をしっかりと磨く、服装をしっかりと整えていると、不思議なことに自然と心まで整っていくことがよくあります。買ったばかりのスーツを着ていると「心までパリッとする」という気持ちを味わったことがある人も多いと思いますが、**辛い時こそ「服を新調する」「靴を磨く」などの行動をとると、割と心が整って、ちゃんとしようという気持ちになるものです。**

また、私がよく宿泊する旅館の大女将は数年前までは「少しボケているのかな」というぼんやりとした老婆でしたが、最近はその旅館がテレビにも取り上げられるようになったせいか、身なりがしっかりとして数年前よりも明らかに若返っている様子が見て取れるようになりました。

落ち込んでいるときや気力がないときこそ、まず「身なりを整える」という行動をとって、「立派に見えるようにする」という意識を持つことが重要だと言えるでしょう。

ちなみに、私が気力を復活させるために一番おすすめしたいのは「美容院」や「理髪店」です。どんなにやる気がなくて、落ち込んでいても、美容院に行って、髪の毛を切ってもらい、整えてもらうと鏡に映る自分が「とても立派な人」に見えて、「もうちょっと頑張ってみようかな」という気持ちになります。

落ち込んでいる、気力がなくなってしまった人は仕事帰りでもいいので、髪の毛を切ってもらい、時間があればシャツなどを新調してみると不思議とやる気が出て、「もうちょっと頑張ってみようかな」と、きっと思えるので試してみてください。

頑張っている人たちに囲まれてみよう

人間の気持ちや思考は「周囲の人たち」や「いま自分がいる環境」によって大きく左右される傾向があります。どんなに休んで体力があっても、「やる気が出なくてどうしようもない」と思っている人は、そもそも環境が良くないと思ったほうがいいでしょう。

私は都内の狭い1ルームマンションに住んでいたときがありましたが、日当たりが良くなく、布団を敷いてしまうと、活動スペースがほとんどなくなってしまうような場所で「さあ、やるぞ！」と元気一杯になることは不可能だなと実感しました。一人ぼっちでそのような場所にいると、どうしても気分が暗くなってしまい、やる気どころか「生きる気力がなくなる」ということになってしまうからです。

体力があるのに「やる気がない」「気持ちが落ち込んでしまう」という時は、まず自分の環境を確認してみるといいでしょう。もし、良い環境ではないなと思ったら、やる気が出ないのは当然だと思ってください。

そういうときはまず場所を移動して、環境を変えてみましょう。私はどうしてもやる気が出ないときは「図書館の自習室」や「ワーキングスペース」に行き、仕事を進めることがよくあります。1人でいるとやる気が出なくても、周りに真面目な顔をして頑張っている人たちがたくさんいると「もっと頑張ってみようかな」という気持ちになり、気合を入れて作業をすることができるからです。

健康状態はいいはずなのに、どうしてもやる気が出ないと悩んだときは、「自分はダメなやつだからやる気が出ない…」などと悩む前に、まずは場所を変えてみるといいでしょう。いくつか場所を変えてみると「ここならやる気が出るな」と思えるベストスポットがきっと見つかるはずです。

どうしてもやる気が出ないときは暗い場所で悩まずに、場所を変えることで気持ちを切り替えてみるのもいいでしょう。

みんな揃ってみんなダメ

もし、自分は情けないと思ったときは、こう考えてみるといいでしょう。「みんな違ってみんないい」だけど「揃いも揃ってみんなダメ」と。どんなに立派に見える人であっても、実はそんなに立派ではないことがたくさんあります。例えば、「仕事ができるけど、女性関係にだらしない」や「勉強がとてもできるが、人を見下すことが多い」、「自信満々だけど自慢話が多くて嫌になる」などよくよく考えてみれば「あの人は割とダメだよね」ということがよくあります。

もし、「あの人はダメなところがない」と思ったときは、その人はきっと優しくて自信を無くして悩んでいるあなたの味方になってくれるはずです。もし、そうでなければ、きっとその人にも何かしらの欠点があるはずです。

あなたにダメで情けないところがあるように、人にはそれぞれの欠点があり、上手くいかないところも抱えています。色々と悩んでしまう人はこう思ってみるといいでしょう。

「かっこ悪くてもいい、情けなくていい、仲良くなれなくていい」と。そう思ったときに、あなたはきっと「最高に自分らしい姿」になって魅力的になれるはずです。いっそのこと、ダメなところや、かっこ悪いところ、情けないところをもっと見せつけてやりましょう。そういう姿に人は惹《ひ》きつけられるものですよ。

人間関係は上手くやろうとし過ぎない方がいい

他者とのコミュニケーションにおいて重要なことは「急がず、慌《あわ》てず、いつかわかってもらえばいい」というゆっくりとした姿勢です。すぐに分かり合いたい、すぐに自分のことを理解してもらいたいと考えていても、人間がお互いのことを理解するには時間がかかるため、ほとんどの場合は上手くいきません。それどころか、急速に距離を詰めすぎると、相手に自分のことを誤解されてしまうリスクもあるため注意が必要です。

そもそも、コミュニケーションとは「しっかりとした挨拶《あいさつ》」と「必要な要件」さえ伝えることができれば十分です。面白いことを言う必要はありませんし、仲良くなろうとする意識も必要ありません。なぜなら、必要最小限のコミュニケーションだとしても、仲良くなる人は自然と仲良くなるからです。

必要最小限の挨拶と、要件だけの会話では何もわからないように思えますが、相手の人柄や思考は同じ時間を共にしているとなんとなくわかってくるものです。

一方で全く仲良くなれない人は、何をどうしても仲良くなれないことがよくあります。自分のことを嫌ってくる人に対して、丁寧な言葉づかいと愛想笑いでペコペコしても、全然仲良くなれないのと同じです。

嫌いな人に好かれようと頑張るぐらいなら、いっそのこと「もう仕方ないや」と割り切ってみるのもありだと思います。

有名人に会っても割と普通

自分も有名人と世間で呼ばれる人に時折出会いますが、実際に会って話してみると、「この人は本当に超人だな」と感じることは少なく、意外にも普通の人であることが多いと感じます。有名な経営者、小説家、漫画家、芸能人に会ってみると、予想以上に普通で、拍子抜けすることがあります。

世間では「特別な才能の持ち主」として賞賛されている人々も、実はただの普通の人が運よく成功し、周りがその成功を過剰に評価しているだけということが多いのです。私自身もSNSインフルエンサーとして活動し、複数の書籍を出版していますが、正直なところ、周りが私を「すごい人物」と持ち上げる理由がわからないことがあります。自分自身の感覚では、特別なことをしているわけではなく、ただの普通の人がたまたま成功した結果、周りがその成功を過剰に評価しているのではないかと思うことがよくあります。

つまり、世間で言われる「すごい人」と「普通の人」の差は、それほど大きくないというのが現実です。多くの場合、成功するかどうかは、「少しの行動」や「ちょっとした運」が大きな影響を与えることがあります。運が良かったり、適切なタイミングで行動できたりすることで、世の中の表舞台に出ることができるのです。そのため、「すごい人」と呼ばれる人々も、実は普通の人と大きな違いがないということを理解することが大切です。

この現実を理解することで、誰もが成功を手に入れる可能性があることを知り、自分自身も努力や運を活かして、目標に向かって挑戦する勇気を持つことができるでしょう。成功に至るまでの道のりは人それぞれですが、どんなに普通の人でも、ちょっとした行動や運次第で大きな成果を手に入れることができるのです。

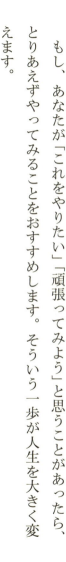

もし、あなたが「これをやりたい」「頑張ってみよう」と思うことがあったら、とりあえずやってみることをおすすめします。そういう一歩が人生を大きく変えます。

バカだと思ったときは成長している証拠

過去の自分を「バカなやつだ…」と思ったときは成長している証拠です。なぜなら、そう思うことができるのは「過去の自分よりも成長をしたから」だと言えるからです。もし何も成長せずにいるのであれば、過去の自分の言動を恥じることなく、「自分は間違っていなかった」と自信満々な気持ちでいるでしょう。

しかし、過去の自分の言動に対して「恥ずかしい」と思えるということは「ちゃんと成長している証」と考えても全く問題ないと思います。「誰かに対して失礼な発言をした」「図々しい態度をとっていた」「酔ってバカなことをした」などの過去を恥じたときは、「情けない…」と自分の過去を恥じずに、「いまそう思うことができるのであれば、成長しているんだな」と考えた方がいいでしょう。

そもそも、今の世の中では成長するというと「年収が上がった」「管理職に昇進した」「TOEICの点数が800点以上になった」など、割とハードルが高いことが求められますが、本当はそこまでハードルが高くなくてもいいと思います。例えば「お酒がなくても寝られるようになった」「散歩をするのが好きになった」「友人に誕生日プレゼントをあげるようになった」など小さなことができるようになっただけでも、十分に成長をしているからです。

現在は数年前よりマシ程度で十分成長していると言えるのです。また、自分が成長しているか悩んだときは「数年前の自分」を思い出しましょう。もし、いま成長を感じていなくても、「数年前の自分と比べて仕事を進めるのが上手になっている」と思えるのであれば、あなたは十分に成長をしています。タイムマシーンでやってきた数年前の自分が目の前にいて、過去の自分にいろいろ教えることができるのであれば、あなたは十分成長をしているのです。過去の自分を恥じることに意識を向けてしまうよりも、今の自分の成長に目を向けてみてもいいと思います。

レベルが低い、イライラした時は次のステップ

友人や職場の人間関係で「相手のレベルが低い」と感じてイライラしたときは、相手が悪いと思わずに「自分が成長している証拠」だと思ってみてもいいでしょう。自分が成長したからこそ、今までは気が付かなかった「相手の至らなさ」や「レベルの低さ」というものに気がつくことがよくあります。

私もよくイライラすることがありますが、そういうときは「自分のレベルが相手よりも大きく上がったから、そう思うんだろうな」と気持ちを切り替えるようにしています。ここで相手が悪いとイライラし、喧嘩をしても、ただ関係が悪くなるだけで何一つ良いことはありません。また、自分の求めているレベルを相手に強要することは、相手を傷つけることになりかねないので注意が必

要です。

もし、今まで付き合ってきた相手にイライラしたときは、まず深呼吸をして、「自分のレベルが上がったんだな」と考え、相手と揉《も》めないように、わかりやすく伝えてみるといいでしょう。いちいちイライラして、相手に対して「どうしてそんなこともわからないの？」と言っても嫌われるだけです。そう思うよりも「自分は次のステップに行く時が来たんだな」と考えた方がいいでしょう。

調子がいいとき、調子が悪いときは気をつけよう

「調子が良くて絶好調！」と考えて、自信に満ち溢れているときは、発言によく気を付ける必要があります。なぜなら、調子に乗ってしまい、人間関係にヒビが入るような失言が増えてしまう傾向にあるからです。

自分が上手くいっていると周りの人たちが「やる気がない人」「能力がない人」と見えるようになり、「なんでできないの？　普通はできるでしょ」「できるコツを教えてあげようか」など、誰も聞いていないような上から目線のアドバイスをしがちになります。

自分の感覚としては「最高に調子が良くて、絶好調」だとしても、普通の人からみれば「浮かれていて調子に乗っているだけ」に見えることがあります。そういうときこそ、人に会った時に自制して「余計なことを言わない」「浮かれている様子を出さない」という努力が必要になります。

また、気分が暗くなって落ち込んでいるときは、「文章の内容」について気を付ける必要があります。ＳＮＳやメールでネガティブな感情が詰まった内容を投稿・送信すると、その文章を見た相手は不快な気持ちになりますし、あなたは「情緒不安定な人」という印象を受けることになります。

発言した内容は消えていきますが、文章にした内容は消すことが難しく、修正することもできません。気分が暗く、落ち込んでいるときは「文章で自分の気持ちを伝える」ということを極力避けて、必要な要件だけを送るといいでしょう。

嫌な人たちは淘汰されていく運命

もし、あなたに嫌な人がいても「ギャフンと言わせたい」「痛い目に合わせたい」とは思わずに、そのまま放置しておくことをおすすめします。なぜなら、「あなたが嫌いな人」というのは、おそらく他の人たちも同様に嫌っている「性格の悪い人」と言えるからです。そんな性格が悪い人たちのことをずっと考えていると、その人たちの悪口を言いたくなり、自分まで「嫌なやつ」と思われてしまって、いいことがありません。

また、嫌な人たちに対して「復讐してやろう」と思うことは極めて危険な行為です。弁護士などに相談した上で法的な措置をとって対応していくことは問題ありませんが、「相手を嫌な目に合わせたい」と考えて行動に移すと、あなた自身が嫌なやつになります。また復讐《ふくしゅう》が成功しても今度は自分が復讐される立場になる可能性が極めて高くなります。

そんな不毛なことを考えるよりも、嫌な人たちのことは一旦忘れて、自分が幸せになることを目指してみてはいかがでしょうか。自分が幸せになれば、嫌いな人たちは「かわいそうな人たち」に変化をしていき、どうでもよくなります。私も過去に嫌いな人たちがいて「許せない」と考えていましたが、いま考えてみると「あの人はかわいそうなやつだったな」と思うことがよくありますし、私との関係がなくなった後も様々なところでトラブルを起こし、落ちぶれていることがほとんどです。

つまり、嫌な人たちがいたとしても、あまり気にせずに自分が幸せになることを目指していくことが、結局のところは最善策と言えるのではないでしょうか。

みんなに合わせて生きていくのはやめよう

社会人になると「これができて当たり前」や「社会人として当たり前」と言われることがありますが、こうした言葉を真に受けすぎると「心苦しくなるだけ」ということがよくあるので注意が必要です。

まず、社会人というのは「生活に必要な収入があり、納税をしている」という条件さえそろえることができれば「問題はない」と考えた方がいいでしょう。とりあえず現状は生活ができていれば、礼儀やマナー、仕事におけるスキルというのは「あればいい程度」のものにすぎません。

もちろん、現状よりも「いい職場に行きたい」「昇進をしたい」という目標があれば、自己研鑽《けんさん》をしていく必要がありますが、そうした目標が特にないにもかかわらず、「社会人としてこれができないとダメだ」や「みんながやっていること」という理由だけで物事を進めることは避けた方がいいでしょう。

なぜなら「やる気がない状態で苦手なことをやる」ということになり、結局上手くいかずに挫折してしまうからです。さらに挫折をしたときに「社会人として失格だ…」と意味もなく落ち込んで、心のダメージとなってしまうので良いことは何もありません。

あなたが本当に目指す目標はあくまでも「自分がなりたい姿」です。曖昧《あいまい》でわかりにくい「立派な社会人」になろうとしなくていいのです。現状、ちゃんと収入を得て生活ができていれば、もうあなたは立派な社会人です。そのことを忘れないでくださいね。

嫌なことを言われたときは

嫌なことを誰かから言われたときは「そうかもしれない…」と考える前に、まずは「相手がまともな人かどうか？」を確認してください。相手の言葉を素直に受け取ってしまい、「自分に落ち度があるから言われてしまった…」と考えていたら、社会では到底生き残ることができません。

そもそも、相手に言われたときに、自分が「嫌だな〜」と思うことは相手の伝え方が悪いことがほとんどです。もし、相手が本当にあなたのことを思って発言をしていたら、できる限り傷つかないような配慮などが感じられるものですが、そのような配慮が感じられない場合はまず「うるさい」と思っておけばいいでしょう。

私が思うに、説教も注意も、とりあえずは「うるさい」と考えて問題ありません。どう考えても自分に落ち度があって、本当に反省が必要だなと思ったときだけ「自分が悪かったな」と思えば問題ありません。

また、相手の発言内容だけではなく、誰が発言をしているのかもよく確認した方がいいでしょう。もし発言をしている相手が「尊敬できない人」や「意地悪な人」、「不条理なクレーマー」という場合については「あー、はいはい」ぐらいに思ってスルーしておいた方がいいでしょう。

基本スタンスは「うるさい」で、たまに「自分が悪かった」と考えることが大切だと思います。

第２章まとめ

①運命と向き合う

自分がやりたいことが運命と感じるなら、成功や失敗に関わらずやり続けるべき。

運命を無視して諦めると、人生が空虚なまま終わってしまう。

②狭い人間関係のリスク

同じ人ばかりと関わると、自分の実力を過大評価したり、自信を喪失することがある。

自分より優秀な人に囲まれると、自分が劣っていると感じることがある。

③勉強会や異業種交流会の重要性

他の人との交流を通じて自分の実力を正確に理解し、自信を保つ手助けになる。

④ぶつかりおじさんに注意

意図的にぶつかってくる人たちは、弱そうな相手を選ぶことが多い。隙を見せず、毅然とした態度で接することが重要。

⑤攻撃的な人の特徴

攻撃的な人は実は自信がなく、ストレスを抱えていることが多い。攻撃的な人にはあまり対抗せず、毅然とした態度を保つことが大切。

⑥誰かに見られることでの気持ちの整え方

人に見られることで、自分の気持ちが引き締まり、整うことがある。服装や髪型を整えることで心が整い、やる気が出る。

⑦頑張っている人たちに囲まれる

環境や周囲の人々の影響で、自分の気持ちや思考が変わることがある。良い環境を見つけることでやる気を引き出すことができる。

⑧他人の欠点に対する考え方

自分だけがダメだと思わず、他人にも欠点があることを理解する。自分の欠点や不完全さを受け入れることで、より魅力的になることができる。

⑨人間関係のアプローチ

コミュニケーションは急がず、少しずつ時間をかけて深めるべき。最低限の挨拶と要件の伝達で十分で、仲良くなるためには時間が必要。

⑩ 有名人の実態

有名人も普通の人であり、特別な才能ではなく運や努力によって成功していることが多い。

誰でも成功する可能性があり、一歩踏み出すことが重要。

⑪ レベルの変化とイライラ

自分が成長することで他人のレベルの低さにイライラすることがあるが、それは自分の成長の証。

⑫ 調子の良いときと悪いときの注意

調子が良いときは、自信過剰になりやすく、人間関係にヒビが入る失言に注意する。
調子が悪いときは、自分を過度に責めず、環境を見直すことが大切。

コラム

プロにはプロがやってくる

皆さんの心の中には「でも、私は詐欺になんて引っかからないよ」という思いがあることでしょう。多くの人がそう思う理由は、これまで出会ってきた詐欺が「詐欺広告」や「詐欺DM」、あるいは「送りつけ商法」など、ターゲットが不特定多数である稚拙なものばかりだったからです。

私の知り合いには、3億円を詐欺師に騙《だま》された人がいます。彼も「俺は絶対に詐欺師に引っかからない」と思っていたそうですが、彼が騙されたのは海外の一流企業の社長を名乗る人物からでした。彼は「一流企業の社長を名乗る人物」に騙されるのは理解できても、まさか「一流企業の社長」に詐欺られるとは思わなかったと嘆いていました。結局、その社長は現地の法律で詐欺罪となり刑務所に服役しましたが、彼の3億円は一円も返ってこなかったそうです。

彼が言った言葉が印象的でした。「詐欺師と一言で言っても、駆け出しのひよこからエリートまでいる。億単位のお金を持っていると、詐欺師のオリンピック選手のような連中に狙われることになる。素人が詐欺師のプロに勝てるわけがない」と。つまり、エリート詐欺師にとっては、一般市民を相手にするよりも一流のターゲットを狙う方が効率が良いのです。

同じ現象は自衛隊でも見られます。ただし、詐欺師ではなくスパイが関わることになります。自衛官は入隊すると、全隊員が情報の保全意識を促されます。例えば、ＳＮＳに余計なことを書かない、居酒屋で部隊のことを話さないなどです。つまり、余計なことを言わないようにとの注意です。

しかし、多くの隊員はスパイから接触されることは少ないです。なぜなら、多くの隊員はスパイにとって価値のある情報を持っていないからです。ところが、一度重要な情報を持っていると分かると、スパイはあの手この手で接触を試みます。典型的な手法の一つがハニートラップです。

これは自衛官のエピソードではありませんが、国の重要な役職に就いている人が不安定な国に行った際の話です。あるパーティーで「国の重要な役職についている」と話した翌晩に、驚くほどの美女が訪ねてきたそうです。彼は冷静に「これがハニートラップか」と思い、その場を引き取るようにお願いしたそうですが、次の日にはアジア系の美女が現れ、さらに次の日には中東系のマッチョイケメンが現れたと言います。

このような露骨なハニートラップに驚いた彼ですが、過去には政府高官がハニートラップにより追い詰められた事件もあります。例えば、２００４年の上海総領事館員自殺事件などです。また、自衛官もハニートラップの対象になり得ます。

特に恐ろしいケースは、結婚相手がハニートラップで近づいてきた人物である場合です。普通の人には信じられないかもしれませんが、プロのスパイは結婚さえ厭《いと》わないのです。ある秘密を取り扱う部署の隊員が、不釣り合いな美女と結婚する話を始めました。帰化歴のある人物で不審に思った隊長が「秘密を取り扱わない部署に配置させる」と言ったところ、「愛があるので大丈夫です」と答えたそうですが、結婚の話はしばらくしてからなくなったとの報告がありました。本当にハニートラップだったのかは断定できませんが、かなりの確率でそうだったのではないでしょうか。

また、ハニートラップだけでなく、スパイは弱みに付け込むのも常套《じょうとう》手段です。最初から相手の弱みに付け込むのではなく、相手の弱みに寄り添い、依存させてから洗脳し、自分の言いなりにさせるのです。例えば、秘密を扱う自衛官が「重い病気のお子さんがいて苦しんでいる」「組織で人間関係がうまくいっていない」といった状況をスパイに見抜かれた場合、治療費を肩代わりしてくれたり、話のわかる友人になってくれたりします。

そこから徐々に宗教団体に入信させたり、治療費の見返りを要求したりします。最初は簡単な要求から始まり、次第に要求が厳しくなります。気がついたときには、経済的および人間関係的に依存してしまい、スパイに情報を渡していたという弱みが生まれます。その時にスパイは態度を豹変させ、「逆らったらどうなるか分かっているだろうな？」と脅してきます。このような手法はヤクザやマフィアも使いますが、ここまで落ちてしまうと救いようがありません。

スパイに関わる事案で、元東部方面総監がロシアの諜報機関に「教範」と呼ばれる各種マニュアルを譲渡していたことが大問題となりました。当時、陸上自衛隊の情報保全意識は現在より低く、「教範」は特殊な物を除いて自衛隊内の売店で全隊員が購入できるものでした。むしろ幹部自衛官などは、大量に私物の教範を買って家で勉強するのが美学とされていました。そのため、公安による取り調べを受けた自衛隊側は「教範」の譲渡が大きな問題ではないと思っていたそうですが、公安側はその恐ろしさを十分に理解していたため徹底的に追及したのです。つまり、「渡した物の価値」よりも「ロシアの諜報機関の要求を受け入れた事実」が遥かに重いわけです。

私はこの話を情報業務に長年携わっている幹部に話しました。「なぜ、東部方面総監まで勤めた人がロシアの諜報機関に懐柔されてしまうのでしょうか？」と尋ねたところ、その幹部はこう答えました。「私たちや公安はスパイの恐ろしさをよく理解している。身の危険を感じることもある。しかし、上の人たちは私たちが取ってきた情報を紙で見るだけで、理解したつもりになり自分なら大丈夫と思っている。そこにプロ中のプロのスパイが狙ってくる。そして、本当のプロは証拠すら残さない」

私はその話を聞いて、3億円を盗まれた知り合いの話を思い出しましたが、最後にその幹部がこう付け加えました。「ただし、発覚した事件のスパイは全て二流だよ。本当の一流は極めて合法的に証拠も残さず、騙されたことにも気づかせずに去っていく。一流のスパイほど名もなき墓に眠っている」

つまり、世の中には自分なら大丈夫という過信があり、SNSなどに出てくるレベルの低い詐欺師を詐欺師の全てだと思うのは危険だということです。もしかしたら、あなたの周りにもそういった人が潜んでいるかもしれません。今、一番恐ろしいのは、オレオレ詐欺の受け子にされることです。「自分がオレオレ詐欺の受け子になるわけがない」と思うかもしれませんが、本物の詐欺師があなたの弱みに付け込んできた時、受け子とわからない形で仕事を振られたらどうでしょうか？　断り切れるでしょうか？

また、あなたの会社が腐敗しており、組織ぐるみの横領に参加させられそうになった場合、然《しか》るべきところに通報ができるでしょうか？　つまり、常に自分の身を守る意識を持つことが大切です。最も良いのは、常に相談できる信頼できる人間関係を構築しておくことです。自分では気づかないおかしな点を、他人の目から見つけてもらうことができるでしょう。いずれにせよ、自分の身は自分で守ることが必要です。

コラム

命の重さは物語の重さでもある

同期の幹部自衛官がＰＫＯ活動で国連のオフィスに行った際に驚いたことを語っていました。それは、国連のオフィスの重要な役職が、ドイツやフランス、イタリアなどの先進国ではなく、日本ではあまり聞き馴染みのない発展途上国の人々によって占められていたことです。もちろん、本部レベルではまた違った状況があるかもしれませんが、実際の指揮官レベルではアフリカ系の人々の地位が非常に高かったのです。

彼は仲良くなったポーランド軍の兵士に「なぜ発展途上国の人々が重要な役職についているのか？」と尋ねました。すると、その兵士はこう答えました。「それは当然だよ。彼らは血を流せるからね。もし戦闘が起きて誰かが亡くなった

場合、日本のような国では大騒ぎになるだろう。うちの国でもそうさ。でも、国連で重要な役職についている国の人々はＰＫＯで命をかけることができるんだよ。世の中には戦場で死ぬことが当たり前の国がたくさんあるからね。残念だけど、命の価値は国によって違うんだ」

私の同期はその話を聞いて衝撃を受けました。それまで、命の重さは全ての国で同じだと思っていたからです。そしてポーランドの兵士はこう付け加えました。「しかし、発展途上国の人々も決して哀れなわけではない。お金が出せない分、他の国がやりたがらない仕事をして、自分たちの国の国際的地位を高めたいんだよ。援助を求めるだけでは、国民は幸せになれないからね」

つまり、発展途上国、特にアフリカの最貧国の人々の中には、苦しい環境から抜け出すために自らを犠牲にして戦っている人々がいるのです。

この話を視点を少し変えて考えると、人々は国としての物語（ナラティブ）を背負っているとも言えるかもしれません。先進国の兵士は「民主主義、平和主義、人命尊重、過去の戦争からの反省」といった物語を背負っているため、個々の命の価値が高くなり、ＰＫＯなどで命の危険が伴う場所は重視されます。逆に、発展途上国が背負っている物語は「貧困からの脱出、安全保障環境の確保、国際的地位の向上、基本インフラの整備」などであり、国家としての責務を果たす比重が大きくなります。そのため、彼らは先進国ができないような危険を冒すことができるのです。

つまり、ＰＫＯの活動を通じても、国によって異なる物語が存在しています。

ここまでの話はＰＫＯとして活動した隊員の経験でしたが、このような物語の対立は戦争だけでなく、世界中のさまざまな場面に存在し、ＳＮＳによってその影響が加速していると言えるでしょう。

例えば、ウクライナとロシアの戦争を見ても、ＳＮＳ上には双方が正義を主張する物語が飛び交っています。私はこのような場合、「日本政府の公式見解に従う」というスタンスをとっています。もしそうしないと、どちらの主張も物語が出来上がっていて、素人には反論するのが難しいからです。例えば、インターネット上には「邪悪な黒いドラゴンを倒す正義のネコ」の話がある一方で、別のサイトでは「愛と慈悲に満ちたドラゴンの国を害する邪悪なネコのテロリスト」と書かれています。また、さらに別のサイトでは「ドラゴンとネコが裏で手を組んでいて、人間を支配している」「本当に悪いのは犬」といった荒唐無稽な話も見られます。この中で何が正しいのか、あなたには分かるでしょうか？　私には分かりません。

最近は、ディープフェイクやＡＩによる画像生成技術の発展によって、人々が受け取る物語が混迷を極めています。例えば、イスラエルとイスラム組織ハマスのパレスチナにおける戦いでは、ＳＮＳ上で双方の正義が飛び交い、それに呼応して世界中でデモや暴動が発生しています。すなわち、ＳＮＳは私たちが銃弾の届かない安全な場所にいても、緩やかに戦争に引きずり込まれる不思議なツールになりつつあるのかもしれません。

　このように、物語が異なることがよくわかる本として、『はだしのゲン』をおすすめします。この本は、戦争中と戦後で人々に与えられる物語が180度変わる様子を描いています。戦争賛成派の人々が平和の戦士になったり、憎き米兵に媚《こ》びを売り始める姿などが描かれています。

　私が小学生の時、先生は「話し合いこそが大事で、戦争は愚かだ」と言っていました。それについて批判するつもりはありませんが、私が将来自衛隊に入りたいと言うと、「お前は話し合いする気がないのか！　自衛官は人殺しだ！」と言われました。私は「いや、先生、自衛官は必要だと思います。それについて話し合っても良いのではないですか？」と尋ねると、「それとこれは話が違う！　話し合うことすらできないことだ！」と怒られました。その時、私は先生が『はだしのゲン』に出てくる立場が180度変わるおじさんを思い出しました。先生には「平和」という強い物語があり、「平和」以外は全て邪悪だと感じていたのです。おそらく、先生の物語が「戦争」であれば「戦争」以外は全て邪悪だと感じていたのでしょう。

ここまでの話で私が伝えたかったのは、世の中には「話し合って分かり合える」人もいますが、それはそもそも同じ物語を共有していることが大前提です。話している相手が「猫は邪悪」と思っているところに、「猫は可愛い」と理解させるのはどんなに話し合っても不可能です。唯一可能なのは、あなたも「猫が邪悪」と認めることです。

つまり、トラブルが起きた時に話し合いで解決を見いだすのは難しいのです。最終的には、あなたが屈服する可能性が高いでしょう。もし戦う場合は、弁護士を雇うのが最善の方法かもしれません。

第3章

本当に
もうダメなの？

辛いときはあえて飛び込んでみるといいかもよ

私が在籍していた頃の防衛大学校は、小原台刑務所と呼ばれており、誇張表現なく少年刑務所のような厳しさがありました（現在はそのようなことがありません）。1学年はホコリ、2学年はホウキ、3学年は人間、4学年は神様という強烈なヒエラルキーがあり、新入生の時はまさしく地獄のような日々でした。朝から晩まで上級生の目が光り、少しのミスで上級生は怒鳴ってくるので全く気の抜けない日々が続いていました。

3歩以上の移動は走る、人間の動きとは思えない速さの清掃（雑巾掛け）、少しのシワも許されない作業服のアイロンがけ、平日外出禁止、1学年の外泊禁止、1学年の外出は制服のみ、1学年の飲酒・喫煙ＮＧなどがルールとしてありました。

それらのルールを破ると、上級生からの呼び出し、終わりなき腕立て伏せ、定規で測ってマス目を作る反省文などがあり、その厳しさに耐えかねて、４月１日から４月５日の５日で同期は１００人ほど退校をしていき、その後も毎週のように脱走者が出てくるような状況でした。学科や訓練も厳しく、体育会系の部活（校友会）も強制であったため、新入生は「もういやだ」と思い、辞めても仕方がない状況でした。ある同期が学内にあったストレスレベルを測る装置で計測をしたところ、そのストレス値は上限まで振り切れていたと話していましたが、当時の１学年はそのぐらい生活がキツかったのです。

そんな厳しい生活で同期がある日、こんなことを呟きました。

「怒られているときは心のスイッチをオフにすれば辛くないから、自分はあえてオフにしている」と。

この発言は私にとって衝撃的でした。つまり「辛い」「いやだ」「逃げたい」と思っているから余計に辛いのであって、そうした感情を無視して、淡々とやることによって状況を乗り越えることも可能なのです。精神医療の森田療法においても「恐怖突入」という考え方があります。これは「イヤだ」と思っていることに対して、目を背けずにあえて飛び込んで乗り越えるというものです。確かに苦しいときこそ、あえて逃げずに立ち向かうことで苦しさが軽減できることは数多くあることは事実です。

陸上自衛隊の落下傘（パラシュート）部隊として有名な第1空挺団においても、飛行機から初降下をするときは誰しもが緊張し、中には訓練中に「飛びたくないです!」と泣き言を言ってしまう隊員までいると聞いたことがあります。ただ、「飛びたくないです」と言っても仕方がないので、怖いなと思っている時こそ、「なんとかなれ！」と覚悟を決めて飛び出すと上手くいくと聞いたことがあります。実際に「怖い」「いやだ」とずっと思っていると、自律神経が乱れて、さらに不安になり、過呼吸や震えが出てくることがあります。それゆえに「怖い」と必要以上に考えて怯《おび》えてしまってはいけないのです。

また、私はボクシングなどの格闘技をやっていたことがありますが、打撃系格闘技の基本戦術は「後ろに下がってはいけない」ということを私は身をもって知りました。もちろん、高度な技術を持った選手は「後ろに下がりながら戦う」という戦術を取ることができますが、これは初心者にとっては悪手になります。なぜなら、初心者が下がってしまうときの大きな理由は「怖い」という感情のためです。

格闘技は「相手を殴る闘争心」よりも「相手から殴られる恐怖心」の方が強く

なる傾向が高く、「怖い、いやだ」と思う感情に支配されてしまうと、自然と後ろに下がってしまうのです。こうなってしまうと攻撃ができなくなり、相手から一方的に殴られる「人間サンドバッグ状態」になり、リングフロアに沈み込むまでタコ殴りにされるのがオチです。

この状態を避けるための選択肢は一つしかありません。それは「前に出て戦うこと」です。前に出て戦うと相手が「殴られたくない」と警戒するため、自分が殴られることが減りますし、アドレナリンが出るため殴られても痛みが軽減します。

人生においては夏休みの宿題や確定申告、恋人との別れなど「やりたくないけど、逃げることができない運命」が待ち受けていることがあります。そうしたときに「いやだ」と思わずにあえてやってみるのもいいのではないでしょうか。

１年前の悩みを思い出してみよう

もし、今の人生が辛いと思ったときは、去年の同じ日において、いちばん辛かった時のことを思い出してください。はっきりと思い出すことができたでしょうか。おそらく、答えはＮＯでしょう。**人間には、時間がたつと、当時において、本当に悩んでいたことすら忘れてしまう性質があるのです。**私はわりとすぐに「もうダメだ…」と思ってしまう傾向があり、すぐにがっかりしてしまうことがよくあります。ただ、よくよく考えてみると「もうダメだ」と本当に思ってしまうことは少なく、自分の心の中のまぼろしにすぎなかったこともよくあります。

すぐにダメだと考えてしまう人の傾向として「いつも真剣勝負」や「いつでも真面目」なタイプがあります。つまり、大したことのない失敗に対しても真剣に向き合って、真剣に考えてしまうからこそ、上手くいかなくなってしまうことがあるのです。でも、本当は真剣に考える必要がないことはスルーしてしまっても問題がないと思います。ここで重要になってくるのは「開き直る力」といえるでしょう。開き直る力というのは、どうしようもないことに直面したときに「どうしよう…」と焦《あせ》るのではなく、「もう仕方がない」と居直ってしまう能力のことを指します。

私は立ち飲み屋でよく1人でお酒を飲んでいますが、酔っ払いの話に耳を傾けてみると「やっちゃったものは仕方ない」や「自分のプライドが許さなかった」などのセリフがよく聞こえてきます。内容によっては「それは反省しないとダメでしょ!」というものもよく聞こえてきますが、彼らは「自分のダメさや情けなさ」を開き直ることで肯定し、自信を持って生きているように思えます。これが良いか悪いかの議論は確かにあると思いますが、**人間は辛いことに真剣に向き合ってばかりだと生きていけないことがよくあります。**そういった時にあえて真剣に向き合うことはせず、適当に考えてみるのもいいのではないでしょうか。

もうダメだ、と思ったことを書き出してみよう

もうダメと思ったときには「何が具体的にダメなのか?」をリストアップする癖をつけることをお勧めします。こうすることで自分の現状がわかるようになり、より問題が具体的になっていきます。ダメだと思ったことを書かずに済ませてしまうと、何が問題なのか？　という根本的な原因がわからなくなってしまうことが多いです。これこそが大きな問題の原因なのです。

「本当にダメなこと」と「あまりダメではないこと」をごちゃごちゃに混ぜて考えてしまうと、頭が混乱し、よりダメだと考えてしまう傾向になります。おそらく、この本を手に取っている読者の皆さんは、悲観的な考え方になりがちな人が多いと思うので、以下のチェックリストを頭の中に常にもっておいてください。

その失敗で下記のことは起こりうるか？

□ 自分や誰かが命を落として亡くなってしまう可能性がある

□ 自分や誰かが怪我をしてしまう可能性がある

上記の危険性は命に関わることなので、絶対に無視することは許されません。しかし、医療関係者や自衛官などの現場職に携わる公務員、建築関係者や工場関係者など、特定の職業を除き、上記のミスはなかなか発生しにくいと思います。もし、あなたの絶望が上記のことに関係ないのであれば、そこまで気を揉む必要はないでしょう。

では次のチェック項目に移りましょう。

その失敗で下記のことは起こりうるか？

□ そのミスで自分や誰かが破産をしてしまう可能性がある

上記の危険性は命には関わることがないですが、金銭的に大損につながってしまう可能性があります。破産につながってしまうような危険性があるようでしたら、やはり気を引き締める必要があるでしょう。

では、それ以外の失敗はどうなのか。答えは「大したことがない」と思っても問題ないでしょう。誰かを怒らせてしまった、信用を失ってしまった、情けない姿を見せてしまった、恥をかいてしまったとしても、その後の人生で取り戻すことができるようであれば、そこまで悩む必要はありません。

そもそも、**問題の多くは「問題の全体像」を大きく掴《つか》めていないことが大きな要因であることも多く、問題の内容をまとめるだけでかなり整理されることも少なくありません。**これこそが、必要なことであり、トラブルに対して対応すべき手段なのです。

トラブルが発生したときは「発生する損失」について、よく考えてみるといいでしょう。

この損失がもしあまり大きくないようであれば、一旦は無視することもできますし、どうしても内容が無視できず、比較的重い内容であれば、自分で悩まずに専門家に相談をするアクションをとった方がいいでしょう。

失敗に気がついたときは…

もしミスをしてしまった、予想外のトラブルで慌ててしまったときに大切なことは、とりあえず落ち着くことです。人間はパニックになってしまうと、大したことがないことでも「この世の終わり」のような気持ちになり、状況をさらに悪化させてしまうからです。

落ち着く方法としては、まず深呼吸をして、大丈夫だ、大丈夫だと自分に言いきかせてください。まずは落ち着いてから行動に移しても全く問題はないはずです。落ち着く呼吸法としては、息を「4秒吸って、4秒止める、4秒吐いて、4秒止める」というボックスブリージングを活用してみてください。これは米軍でも採用されている呼吸法で、砲弾が飛び交う戦場でもある程度は落ち着くことができる方法です。

人間はパニックになると心拍数が上がり、一気に身体が緊張し、喉が渇き、頭が真っ白になりますが、そんな時でも呼吸だけはコントロールすることは可能です。**感情はコントロールできなくても、呼吸をコントロールすることで、だんだんと気持ちが落ち着き、自分の状況がわかるようになります。**

失敗したときこそ、まずは落ち着くことを心がけてください。

本当にやってはいけないことは問題から目を背けること

本当に辛い状況で一番やってはいけないことは、問題から目を背けることです。問題から目を背けるとは何も決断せず、ただ放置をしてしまうことです。この選択をすることが「早めに対処をすれば、なんでもなかった状況」を「最悪の状況」に変えてしまうのです。

「辛いときは逃げてもいいんだよ」というフレーズがありますが、「逃げる」という選択肢はそこまで悪くありません。理由は「逃げることを自分で決断している」からです。人間は決断さえしてしまえば、どんなに苦しいことであっても気持ちが多少は楽になり、次の行動に移すことができます。一方、本当に最悪な選択肢は「逃げもせず、立ち向かいもしないで、ただ時を経過させること」なのです。

会社の仕事で例えるのであれば、クレームが来たときには「クレーム対応をしっかり行う」もしくは「相手にしない」の2つの選択肢から選ぶ必要がありますが、ここで「どちらも選択せずにただ放置をする」という選択肢をとると、ただ心の中で悩みが膨らむようになり、どうしようもない状況になって苦しむことになります。

問題に直面したときは放置せず、まずは「対応するのか」「対応することをやめるのか」をはっきりと決めてください。そうすることで「どうしよう…」と悩み、心が消耗することがなくなります。

辛いときはあえて心を無にしてみる

辛いときに「しんどい」「もういやだ」と考えてしまうことは百害あって一利なしと言えます。なぜなら、辛いと思うことで心がさらに辛くなり、嫌な気持ちですぐにいっぱいになってしまうからです。陸上自衛隊のベテラン隊員はそのことをよく理解しているので、「辛いときこそ心を無にする」という人も多く存在しています。大雨の中での作業や、重量物を持っての移動時に、あえて心を無にすることで自分が受けるダメージを減らすのです。長時間にわたって息を止めて、潜水するダイバーも「余計なことをできるだけ何も考えない」という話を聞いたことがあります。余計なことを考えると、それだけでエネルギーを消耗してしまいますし、人間はどうしても考え事をしてしまうと、ネガティブなイメージがわいてしまうからです。

私も辛い訓練のときに「小学校時代の思い出」などを思い出すことで、気を逸《そ》らそうとしましたが、このような思考は「ネガティブな思い出が蘇りやすい」「不注意になりやすい」というデメリットが多く、あまり有意義ではなかったので、やはりできるだけ心を無にして、何も考えないようにしたほうが良いと言えます。

心を無にすることが難しい人は「自分は心のないマネキンだ」や「自分は命令に従うロボットだ」というイメージを持ってみるといいでしょう。そうして心のシャッターを意図的に下ろし、心のスイッチをオフにすることも時には大切だと言えるでしょう。

作業はとりあえず終わらせることを目標にする

やりたくないパワーが溜まることによって、本当に辛くなって何もできなくなってしまう前に「とりあえず終わらせる」ことを目標にやってみることをおすすめします。本当はできるのに、できないと信じてしまうメンタルブロックが発生してしまうと、その状態を乗り越えるのにかなり苦労するからです。

そもそも、作業がなかなか進まない人は完璧主義に陥っている可能性があります。「こんなものではダメだ」「大したものができない」と悩んでしまうから、手が進まず落ち込んでしまい、やりたくなくなってしまうのです。メンタルブロックがかかる前に、やらなくてはいけないことがあるときはこのように考えてみましょう。

自分は完璧主義よりも完成主義を目指す、と。

完璧主義になってしまうと「ここがダメだ」「こんな内容ではダメだ」と自分を責めるようになり、物事が進まなくなります。このような状態を避けるためにも「完成主義」を目指してください。完成主義とはその言葉の通り、「とりあえず完成させる」という考え方です。

私の周りの作家からも「1／3を書いた段階でやめたくなる」という意見を

よく聞きます。文章を書いていると「あれ？　これ本当に面白いのか？」と悩むようになり、だんだんと書くのが嫌になり、途中で投げ出したくなってしまうことがよくあるからです。ある小説家の方は「本を書き終えるには弱い自分の心を吹き飛ばす、気合いと根性が必要」と語っていましたが、完璧を目指してしまうと手が止まってしまい、永遠に完成しなくなってしまうので気を付ける必要があるでしょう。

もちろん、クオリティが高ければ高いほどいいことは当たり前ですが、クオリティを求めた結果として進捗《しんちょく》がなく、「どうしよう」と苦しむぐらいならとりあえず終わらせるしかありません。下手くそでも、納得いかなくても、自分を責めずにこのように考えてみてください。

「いまはこれでも仕方ない、でもこれから上手くなるから大丈夫」と。

下手な自分を責めるよりも、ちゃんと終わらせた自分を「これから上手くなるから大丈夫」と褒めてみてください。自分が頑張った成果に対して「こんなものはダメだ」と考えてしまうと、もうそれ以上やるのが嫌になってやめてしまう可能性が高くなるので、ちゃんと自分を褒めて、次のステップへ進んでいきましょう。

堕ちることに喜びを覚えるな

人間が本当にダメになっていくときには、「堕ちていくことに喜びを覚える」という感情を抱きやすいという話があります。これは、例えばギャンブル依存症による借金や、アルコール依存症、薬物依存による生活の破綻《はたん》など、依存症に苦しむ人たちが、自分が破綻していく状況に対して奇妙な喜びや快感を感じることに似ています。つまり、ダメになっていく自分を楽しんでしまい、ますますその状況が悪化していくという最悪の状態が生まれるのです。このような状況は、まるでブレーキの効かない特急列車が猛スピードで突き進み、行き着く先が破滅しかないかのようです。

このエピソードを考えると、**もし「自分がダメだ」と感じるときには、まだ大丈夫だと言えます。なぜなら、「自分がダメだ」と気づくことができるというのは、まだ心の中で何かが働いている証拠だからです。**自分を責めたり、自己嫌悪に陥ることがあっても、それはまだ自分の中に「ダメだ」というブレーキがかかっていることを意味します。この「ダメだ」という感覚は、実は自分を改善しようとする意識の表れであり、まだ自分は完全に堕落していない証拠なのです。

そのため、自己批判や悩みがあるときは、「まだ自分は完全にダメではない」と思って、安心して大丈夫です。この気持ちは、まだ成長の余地があることを示していますので、自分を見つめ直し、より良い方向に進むための第一歩となるからです。大切なのは、どんなに辛い状況にあっても、改善するための意識を持ち続けることです。自分に対する批判や不安を過度に抱え込むのではなく、それを前向きな変化のきっかけとして捉えることで、状況を好転させる力に変えることができると思います。

自分は弱い存在だと思ってはいけない

気分が落ち込んでいるときや、人間関係がうまくいかないときには、だんだんと「自分のせいだ…」と自責をするようになり、自分のことを「弱くて情けないやつ」「どうしようもないダメなやつ」と考えてしまうことがあると思いますが、これはよくありません。

もちろん、どんな人にも弱さや欠点は当然ありますが、意味もなく自分は弱い存在だと思ってしまうと、「何をやっても弱いからダメ」というイメージが心の中に先行するようになり、自信がなくなってしまうので、なかなか前に進めなくなるからです。

この悪循環を避けるために「自分はそんなに弱くはない」という認識を持つようにしてください。

私はよく「自分は情けないやつだ……」と悩むことがありますが、私は過去に自衛隊にいた、格闘技をやっていた、海外放浪を1人でしている、本を出版している、筋トレをしている、ランニングができる、などということを考えると、私は弱い存在か。おそらくそこまで弱くはないはず。だから大丈夫だ、と自分に言い聞かせています。

みなさんも学校、会社、部活、趣味、家族などのエピソードを探せば、「自分は割と強いのでは？」というエピソードは必ず見つかるはずです。ぜひ一度考えてみてください。

やり遂げるイメージを大切にしてみよう

辛いことに挑戦するときは、「やり遂げている自分」というイメージを持つことがとても重要です。挫折や失敗ばかりを考えていると、成功が遠いものであるかのように感じられますが、逆に、成功を収めている自分を思い描くことで、やる気が湧き、実現可能な目標に思えてきます。この前向きなイメージは、辛いときでも「できる」「乗り越えられる」という自信をもたらし、実際に困難を乗り越える力になります。

挑戦を続けるときには、「できない」「無理だ」「やめたい」といった気持ちではなく、「できる」「乗り越えられる」といったポジティブなイメージを持つことが大切です。自分が成功した姿を想像し、そのビジョンに向かって進んでいくことで、困難な状況にも前向きに対処できるようになります。

また、挑戦の過程で苦しい瞬間が多くありますが、こうしたときこそ「Nopain, nogain（痛みなくして成長はない）」という言葉を思い出してください。成長するためには、痛みや辛さ、苦しさが伴うのが普通です。努力や挑戦を続ける過程で感じる苦しさは、成長の証しであり、乗り越えることで得られる成果の一部です。

辛さに負けて諦めるのではなく、「辛いけど、これを乗り越えよう」と考えながら頑張る気持ちを大切にしてください。困難な状況に直面したときには、その経験が成長のための重要な一歩であると受け止めることが、最終的に大きな成果をもたらすでしょう。挑戦する中での辛さや苦しみは、必ずや成長と成功へとつながると思います。

人生において一番辛かった時期を思い出そう

日常生活において「これは辛いなぁ…」と思ったときは、人生で一番辛かった時期を思い出してみましょう。私は辛いときに「陸上自衛隊の訓練と比べてどちらがマシか」と考えることが多く、大抵は「自衛隊の方がきつかったな」で済ますようにしています。

自衛隊では日常生活と比べてどんな辛いことがあるかといえば「真夏にフル武装での１００km行軍」「土砂降りの中、防御陣地の構築」「男たちの汗とシミで黄ばんだマットレス」「凄《すさ》まじい臭いがする演習場のボットン便所」「命の危険があるかもしれない手榴弾の投擲《とうてき》訓練」「逃げ場のない人間関係」などです。私も一通り、それらを経験しましたが、それらと比べればいまの日常生活なんてなんでもないなと心底思います。もちろん、自衛隊ではいいこともありましたが、それと同じぐらい「辛いこと、しんどいこと」があったので、比較することで気持ちを落ち着かせています。

ただ、陸上自衛官はこれらの厳しい訓練の中で毎日、嫌な思いをしているのか、と言われればそうではありません。

陸上自衛官の中には「訓練は厳しくないと歯応えがなくて嫌だ」という人たちもいます。彼らにとっては陸上自衛官の訓練は登山やサウナのようなもので、達成感と非日常感を味わうための手段として割り切っている人たちも多いです。

例えば、「真夏に100㎞行軍」であれば「100㎞行軍に向けて体を鍛え直そう」「100㎞行軍を楽にできるように創意工夫をしよう」などと計画をするところから始まります。また、ベテラン陸曹になってくると「どのようにしたら脱落者を少なくして100㎞完歩できるのか?」といったプロジェクトチームのリーダーになることもあり、そのような中でやりがいと達成感を感じるのです。

また「メリハリ」をつけるのも大事になってきます。

キツイ訓練の後にはゆっくり休息をとらせて、夕方には全員でＢＢＱをやって英気を養うのも大切なことです。ちょうど、サウナの後に水風呂に入って整う感じに近いかもしれません。

このような「キツイ時」と「リラックスできる時」が明確な部隊は隊員もやりがいを感じやすいし、肉体的辛さに反してストレスを感じにくくなります。

一方で訓練自体が楽な割に長期間リラックスできる場面がないと、肉体も精神もジワジワとダメになってきます。陸上自衛官に今まで一番辛かった訓練は？　と聞くと意外と「肉体的に楽だけど長期間のストレスがかかる訓練」をあげる人は多いです。

結局のところ、辛くてもサウナ的な辛さであれば、最終的に整うことができますが、ジメジメした場所で長時間いるだけの辛さで整うことはできません。

もし、「いまが一番人生で辛い」と思うようなことがあるならば、そもそも「あなたの辛さの質」について考えた方がいいでしょう。

この辛さに対する対処法が「ストレスから離れて休む」以外にない場合、あなたは相当疲れていると言えるので休んだ方がいいでしょう。

第３章 まとめ

①心のスイッチオフ

辛い状況においては、感情を無視して淡々と作業を続けることで乗り越えることができる。

②恐怖を乗り越える方法

陸上自衛隊のパラシュート訓練や格闘技において、恐怖や不安を抱えながらも行動することで、逆に不安を軽減できる。

③過去の経験を振り返る

辛いと感じるときに、過去の辛かった時期を思い出し、その後どうなったかを振り返ることで、現在の困難が過去に比べてどうかを確認して、気持ちを和《やわ》らげる。

④開き直りの力

問題に直面した際、焦らずに「もう仕方がない」と開き直る力が重要であり、必要以上に自分を責めることを避ける。

⑤失敗の具体化

失敗や問題が本当に深刻かどうかを判断するために、具体的な損失や影響をリストアップすることで、必要な対処法を見つける。

⑥冷静な対処

トラブル発生時にパニックにならず、冷静に深呼吸してから対処する。

⑦問題から目を背けない

問題から目を背けることが最悪の選択であり、問題を放置せずに明確に対応策を決定する。

⑧作業の目標設定

完璧主義を避け、「とりあえず終わらせる」ことを目標にする。

⑨堕ちることに喜びを覚えない

暗い感情に支配されないようにして、ダメだと思えるときはまだ大丈夫と考える。

⑩自己認識の強化

自分の強みや過去の成功を振り返り、「自分は強い」と認識することで、自信を高める。

⑪成功のイメージを持つ

挑戦する際に成功した自分をイメージし、ポジティブな心持ちで困難に立ち向かう。

コラム

自衛官は訓練そのものよりも人間関係や家族関係に悩む人も多い

自衛官は、訓練そのものが辛いというより、人間関係や家族の理解が得られない方が辛いと感じる人が多いです。まずは人間関係ですが、陸上自衛隊は階級よりも現場での能力がものをいう世界です。皆さんは上官の命令は絶対というイメージを持たれている方は多いかも知れませんが、実際の現場はそうではありません。

口先の能力よりもいかに黙ってやるべきことをするかの職人の世界なのです。特に若手幹部などは弱みを見せては年上の部下に舐《な》められてしまうので、辛いことも痩せ我慢をして仕事をしなければなりません。一方で、どんなに頑張っていても要領が悪い幹部などは、上からの圧力と下からの突き上げで辛い思いをします。まさに中間管理職の苦しみです。

最近では人材不足と防衛環境の悪化による訓練の増大で、中間管理職的な人間関係の苦しみで退職される方が多くいると耳にしています。その一方で、陸上自衛隊は一度やめた人間の代わりを中途採用で確保することもできないため、昔は若手幹部がやっていたような仕事を初級陸曹が行うことも増えてきていますし、若手幹部は階級の3つぐらい上の仕事をする必要があります。ここで生まれてくる苦しみは訓練の「キツイ」とは全く別の問題であり、中には「あぁ、早く訓練で山に行きたいなぁ」と言う人もいるぐらいです。最近では文書管理に関わる法律や情報管理に係る法律などが国レベルで複雑になっているため、本当は筋肉隆々で百人力の隊員が、複雑すぎる事務仕事に忙殺されて精神を病んでしまうケースがあります。「隊員に複雑な文書に関わる業務を増やすよりも、もっと厳しい訓練をやらせてほしい」と嘆いたりしています。

また、家族の理解を得られずに苦しむ隊員も多くいます。特に訓練や特別勤務や災害派遣で家を長期不在にする隊員と家族のことや、全国転勤などが大きな負担になっています。防衛省は家族帯同での移動をサポートしていますが、一般的に女性の方は地元から離れることを嫌う傾向にある印象です。特に「北海道から九州に」「青森から四国に」「東京から鳥取に」のような車で一日では帰れないような転勤を極度に嫌がる傾向にあります。

そうした理由から陸上自衛隊で定期的に発生する「長距離の転勤」の話をパートナーに相談すると「あなた！　うちの家は絶対に転勤できないって隊長にいって！」とパートナーから強く言われることもよくあります。しかしながら、隊長からしてみると、家庭をもっているほぼ全ての隊員が同じようなことを言うので困ってしまいます。特に近年では部隊の改変、新編、廃編などが盛んであり、もう全国転勤のノルマを達成した隊員にも強制的に転勤の話がやってきます。そうなると「約束が違うじゃない」とパートナーから不平不満が漏れることがあります。

また、自衛官同士の夫婦が別の勤務地へ転勤することも多いです。一応、陸上自衛隊の公式パンフレットには「異動は隊員のライフワークバランスを考慮します」と書かれていますが、全ての隊員のライフワークバランスは考慮することはできず、現場は頭を悩ましています。もちろん、どの隊員でも勤務できる業務隊という駐屯地運営基盤のための部隊もありますが、家族の事情で業務隊を希望する隊員が多すぎるため、「業務隊に潤沢《じゅんたく》に人がいて、現場部隊には人が少ない」といった本末転倒な事象がよくあります。

昔は、全国転勤をする隊員が珍しいぐらいの時代もあったので、なんとか全国転勤する隊員を確保していましたが、最近では人材不足の煽《あお》りを受けてほぼ全ての隊員が強制的に自分の希望していないような所へ飛ばされてしまうのです。

両親の介護の問題や隊員の子どもが不登校児になってしまい、家族全体でケアしなければいけないのに強制的に単身赴任になってしまうケースさえ出てきています。

隊員がいかに強い意志を持って国民の負託に応えようとしても、家族がその負担に耐えることができずに悩んでしまっているのが現状です。どんな職業でも「これが辛そう」とすぐに想像ができないところで悩んでいるケースは多いと思いますが、実は人間関係や勤務環境で悩んでいることも多いのではないでしょうか。

第4章

幸せなことに慣れてはいけない

私は自衛官や会社員時代によく思っていたことがあります。それは「文章を書くことを仕事にしたい」という気持ちです。そう思いつつ、私は「無理だろうな」ともよく考えていました。理由は「目指すにはもう遅すぎる」と思っていたからです。

ライターの仕事は求人を見ても仕事がなく、あったとしても年収300万円ほどが上限でとても条件がいいものではありませんでした。また、出版業界は斜陽であるので、新聞記者でも雑誌記者でもない素人の私が物書きを目指すことは不可能なように思えたからです。

自分には何か特別な才能があったような気がしつつも、当時の私はやりたくない職業について、どうでもよいクレームの処理をして、毎月ノルマを追いかけて、給与をもらうだけの現実が待ち受けていました。一方でこれは仕方がないことでした。自分の希望に関係なく、社会人である以上は独立して衣食住を整えて、納税をしなければならないからです。

ある日、私はこの厳しい現実に適応するために、夢をあきらめて、何も才能がない凡人として一生を生きていくことを決意しました。しかし、その後に新型コロナウイルスの流行で仕事がヒマになり、少し時間ができるようになりました。

その時期に私はふと「自衛隊時代の面白い話でも発信しようかな」と思い、X（旧Twitter）を始めました。ぱやぱやくんという名前は「誰も見ないし、適当でいいだろう」と自衛隊時代に教官がよく言っていた「ぱやぱやするんじゃない」という台詞《せりふ》の「ぱやぱや」という言葉に「くん」をつけたネーミングだったのです（もう少しまともな名前にすればよかった、と実は後悔しています）。

ぱやぱやくんというアカウントは不思議と伸び、現在では本書を含めて8冊の書籍を出版し、結果として「物書きになりたい」という夢を叶えることができました。そうして私は面白みがなかった会社員をやめ、海外を放浪しつつ、気がついたらテレビやラジオにも出演して、有名人の方達ともご飯に行くようになりました。

このように書くと「さぞ面白いだろう」と読者の皆さんは思われるかもしれませんが、現実はそうではありません。魅力的に思えた日々も、全てが日常に変わっていくと、似たような日々が続いていくだけになったのです。あれほど文章を書きたかったにもかかわらず、今では「楽しい仕事ってないよな」と思い、イヤイヤ書くようになり、海外に行っても「まあ、こんなもんだろう」と思い、有名人に会っても「割と普通の人だな」と思うようになったのです。

そうして私の理想の人生は退屈な日々に変わっていき、すっかり色褪《いろあ》せてしまったのです。どうしてこのようになってしまったのだろうか、と考えたときに私は「物語を失っているからだろうな」と思ったのです。過去の私には「文章を書いて生活をしたら幸せだろうな」「本を出版してみたい」という叶えたい物語がありましたが、今の私はそのような物語を失ってしまい、停滞し、うんざりしてしまったのです。

私が思うに人間は「こうなりたい」という物語を失ってしまうと、幸せを感じにくくなり、自分が幸せであることをすぐに忘れてしまいます。なぜなら、そうして自分は不幸だと考えてしまい、どんどん暗い気持ちになってしまうのです。また、勝ち組や負け組などの価値観を押し付ける人たちも世の中にいますし、幸せの基準を自分で持っておかないとすぐに、自分は不幸な負け組だ…と落ち込んでしまうのです。

そうならないためにも自分の物語を失わないように、これからやりたいこと、自分が欲しいもの、会いたい人、大好きなものは常に心の中に置き、心のきらめきを忘れないようにしなくてはいけないのです。この物語を失ってしまうと、貯金がいくらあろうと、どれだけ出世をしても、心の中には何も残らず、さみしさしか残らなくなってしまいますからね。

不幸とは何かを知るために、世界に視線を移してみよう

私の知り合いの幹部自衛官は、東北の裕福な農家の長男として生まれました。彼は、ただ農家を継ぐだけで、何不自由なく暮らせる未来が約束されていました。しかし、高校生の時、彼は次第にこう考えるようになりました。「このまま何も考えずに農家を継いで、楽に一生を終えていいのだろうか?」そして、彼は決心しました。「まずは、世界を見てみよう」と。

その年の夏、彼は一人でオーストラリアに行きました。訪れた街は日本よりも豊かで、街もきれいでしたが、彼はそこで「ハッ」と気がつきました。「自分は実は、農家を継ぎたくないのではなく、自分がなぜ生きているのかを知りたかったんだ！　それなのに、日本人が旅行に来るような豊かな国に行ってもその答えは見つからない」と思ったのです。

彼は大学に進学し、海外や世界情勢について学ぶことを決意しました。その結果、「世界を知るためには、自衛隊に入って国際貢献活動に参加しよう」と考えました。自衛隊に入れば、裕福な人々が見ないような、現実的で困難な世界を見ることができると思ったからです。

彼は非常に優秀な隊員で、厳しい訓練をこなし、部隊のレンジャー教官としても優れた業績を上げていました。そして、念願かなって国際貢献部隊に選ばれました。そこで彼は衝撃的な経験をしました。

彼が派遣された国では、「腐敗が街に蔓延《まんえん》し」「支援物資が横流しされ」「街には飢えた孤児が徘徊《はいかい》し」「ゴミのように人々が死んでいる」現状を目の当たりにしました。しかし、彼が最も衝撃を受けたのは、その国で出会った貧しい男性からの温かいおもてなしでした。その男性は実は村の長で、貧しい生活からお金を切り崩して、自衛官に貴重な肉を振る舞ってくれたのです。

その時、彼は村の長の姿を見てこう思いました。「目の前の人は、可哀想な人間ではなく、プライドを持った紳士だ。国が滅びてしまうと、どんなに気高い心を持っていても食べるものに困ってしまう。それでも紳士として振る舞う姿は本当に気高い」と感じたのです。

この経験から、彼は「今日まで日本の国を守ってくれた祖先たちに感謝し、その国を次の世代まで守り通すことが、自分の生きている意味だ」と理解しました。

一般的には、貧しい人々に出会うと「支援や寄付が必要」と考えがちですが、彼が「祖先に感謝」したのは彼自身の立場によるものです。大学生などが発展途上国の現状に接すると、先進国の裕福な人々が施《ほどこ》しを与える側面が強くなりがちです。

しかし、彼は逆の立場になりました。遠い国から来た若者に対して、村の長が涙をこらえて貴重なもてなしをしてくれたのです。ここには立場の上下も、人種も年齢も関係ありません。人対人の関係があるだけです。しかし、自衛官と村の長には国の違いがあります。

国際貢献に参加した彼の心は、人間個人ではどうしようもない国の壁を間近に感じたとき、大きく揺れ動きました。この話を聞いて、「国なんてなくなればいい」と思う人もいますが、国がなくなるということは「あなたを担保してくれるものがなくなる」ことを意味します。つまり、全てを失った村の長と同じ立場になってしまうのです。

私は過去の日本の戦争を全て肯定するつもりはありませんが、過去に戦った人たちには「国や故郷を守ろう」という気持ちがあったことは疑いようがありません。今は完璧な国ではないかもしれませんが、蛇口をひねればきれいな水が出るのは、決して当たり前のことではありません。

もし、過去の不幸から何かを学びたいのなら、「我々の国がある」「政府がある」「選挙がある」「水・食料がある」「病院がある」という幸せに気づくかもしれません。

自分の物語を誰かに語れるように準備をしておこう

自分の物語を語るためには、**「自分が今後どういう生き方を目指しているのか」、また「それに向けて現在どのような努力をしているのか」という二つの観点が必要です。**会社に行って平日5日間働き、給与を得ることで何とか生活はできますが、仕事のモチベーションを「給与」だけに設定し、プライベートに特に趣味がない状態では、自分の物語を失い、「ただ生きているだけ」となってしまうことが容易に想像できます。

人間は肩書きや年収、学歴に関係なく、「自分が今後どういう生き方を目指していきたいのか」という明確な指標がなければ、目の前の仕事をただこなすだけの人生になりかねません。そうなると、仕事に対する意欲も薄れ、胸を張って仕事に取り組むことが難しくなります。

そのため、目指すべき生き方に対して「具体的なプラン」を立てることが重要です。例えば、「将来は独立したい」という目標があるなら、そのために必要なスキルを身につけるための計画や、ビジネスに関する知識を積むための勉強を始めるなど、具体的な行動が求められます。これには、自己啓発や専門的な研修を受けることも含まれるかもしれません。

また、目標に向かう過程で、自分の強みや弱みを見つめ直し、必要なスキルや経験を積むことも大切です。どのような挑戦が自分にとって有意義であるかを見極め、その挑戦に対して前向きな姿勢を持ち続けることで、自分の物語をより豊かにしていけるでしょう。

さらに、自分の物語を語る際には、自分の価値観や信念をしっかりと持つことも重要です。どんな困難な状況に直面しても、自分の信じる道を進むことで、人生に対する意味や目的を見失わずに済みます。自分の価値観や信念に基づいた選択をすることで、人生の各ステージで充実感を得ることができるのです。

最終的には、自分がどのような人間になりたいのか、どんな影響を周囲に与えたいのかを常に考え、そのビジョンに向かって努力し続けることが、自分の物語を形作る鍵となります。自分の生き方に対する明確なビジョンと、それに基づいた具体的なプランを持つことで、日々の仕事や生活が充実し、目標に向かって進む自信を持つことができるでしょう。

辛いときは幸せレベルを下げてみよう

防衛大学校や陸上自衛隊では「幸せレベル」という言葉がよく使われていま

した。この幸せレベルとは「幸せを感じる感受性」のようなものであり、自衛隊のように訓練や規律が厳しい集団生活をしていると、だんだんと幸せレベルが下がり、小さなことに大きな幸せを感じるようになります。このようになると、小さなチョコ一つを食べるだけ、コップ一杯のビールを飲むだけで「自分は世界一の幸せ者に違いない！」と感動し、幸福に浸ることができるのです。

ただ、日々の生活に慣れてしまい、幸せレベルが上がってしまうと人間は幸せを感じなくなります。あなたが現状、どんなに幸せで恵まれていても、その幸せに人間はすぐに慣れてしまって、自分はとても不幸な人間に違いない…、と勘違いをするようになるのです。

幸せレベルを下げる簡単な方法としては、「身体的負荷のあるトレーニングを行う」「ハイキングに行く」「サウナに行く」「キャンプに行く」「スキーに行く」でも何でもいいです。そうした運動を行うことで「水が飲めるありがたみ」「運動後に食べる食事のおいしさ」「暖房の素晴らしさ」を改めて実感でき、見落としていた自分の幸せを取り戻せる可能性があります。

アウトドアのスポーツやアクティビティは心身的にも優れているだけではなく、日常のありがたみや感謝の気持ちを思い出すことができるので、ぜひ定期的に参加してみてはいかがでしょうか。

自分の好きなものをよく覚えておこう

自分の好きなものは、いつまでも忘れずに覚えているので忘れない、と思っている人は要注意です。なぜなら、自分の好きなものほど、すぐに忘れてしまうことはよくある話だからです。人間の心は楽しいことよりも、嫌なことでいっぱいになりやすく、意識して好きなことを忘れないような努力をしないと、自分が好きだったものは何だっけ？　となりやすくなります。

チェックリストです。下記の好きなものを即答できますか？

・好きな食べ物
・好きな歌手
・好きな旅行先
・好きな趣味
・仲の良い友達の名前３人

これらの項目がパッと出てくる人は問題ありませんが、忙しくなるとどうしても「え～と」とすぐに出てこずに、考えてしまう人も多いと思います。ときめきは思い出さない限りは、すぐに忘れてしまうものなのです。こうしたことを防ぐためにも、下記のことをおすすめします。

・寝る前の30分は休日の予定を考える
・YouTubeなどでお気に入り動画リストを作成し、週に何回か見るようにする
・いままでの楽しかった思い出の写真を見返す、などです。

こうすることで、自分の記憶の外側にあった「ときめき」を思い出すことができ、人生にハリとツヤが出てくるのです。忙しいときはついつい自分の好きなことを忘れてしまいがちですが、好きなことを忘れてしまうと「自分が生きている意味」を失ってしまい、人生が停滞してしまう可能性が高くなります。

楽しいと思ったときはどんどん写真を撮っていこう

先ほどの「楽しいことを忘れてしまう」というエピソードに付随して、「楽しいと思ったときはどんどん写真を撮っていこう」ということもお伝えできればと思います。この写真は一眼レフなどの高性能カメラで撮るものではなく、スマホのカメラで十分です。人間の記憶とはかなり不確実かつ曖昧なものなので、**「楽しいとき」や「美味しいもの」をできるだけ写真に残すことによって、自分の良い思い出の備忘録として活用することができます。**

私はもともと「写真を撮るよりも、肉眼に焼き付けたほうがいい」と思っていたタイプですが、肉眼に焼き付けたつもりでも、仕事が忙しくなり、トラブルなどが続くと、すぐに楽しかった思い出を忘れてしまい、嫌な記憶しか思い出せなくなってしまうことに気がつきました。

また、なんでもない写真であっても1年後ぐらいに見ると「あぁ、ここに行ったよね」「これは美味しかったな」と記憶が一気に蘇るようになり、退屈でつまらなかった白黒の人生を、鮮やかなカラー映像で蘇らすことが可能になります。1週間前ほどの写真のデータを見返すだけでも楽しい気持ちになれるので、やはり「楽しい」と思ったときは写真撮影がＯＫな状況であれば、躊躇《ためら》わずに、どんどん写真を撮っていくことをおすすめします。

私が思うに写真とは「記憶のバックアップ装置」としてかなり優秀であり、写真がなかったら、もう思い出すことすらできない記憶がたくさん出てくるでしょう。人生がつまらないと思ったときに、過去の楽しかった思い出の写真を見ることで、心を蘇らせることができるので、皆さんも林家パー子さんのようにどんどん写真を撮っていくといいでしょう。

世の中は建前が大切

現代社会では、本音よりも建前を大切にしなければ、物事がスムーズに進まないことが多いと感じることがあります。特に、あまりにも正直に生きていると、様々な面で辛い目に遭うことが多くなります。そんな中で大切にしてほしい考え方として、**「自分が譲れないと思ったこと以外は、譲っても構わない」というスタンスがあります。**

この考え方を実践することで、ストレスや対立を避けることができるでしょう。全ての場面で本音を貫こうとすると、人生が上手くいかなくなる可能性があるため、時には自分の気持ちを隠し、建前で対応する方が賢明です。特に、仕事や社会生活の中では、建前と本音を使い分けることが重要です。

例えば、会議や仕事のプロジェクトにおいて、自分の意見やアイデアが完全に通らないこともありますが、それが全て譲れないものでなければ、「もう仕方ないや」と割り切って、他の意見に合わせることが得策です。このように自分が譲れない部分だけをしっかりと守り、それ以外の部分については柔軟に対応することで、無用な対立を避け、スムーズに物事を進めることができます。

また、この考え方を実践することで、周囲との関係も改善されるでしょう。時には、自分が譲歩することで、相手との信頼関係を築くことができるかもしれません。譲ることによって、相手との摩擦が減り、より良いコミュニケーションが生まれることもあります。

その上で、自分がどうしても譲れないと感じることがある場合、その部分だけはしっかりと主張し続けることが大切です。他の部分については柔軟に対応し、譲れるところは譲ってしまうことで、結果的に自分自身のストレスを軽減し、より平和な社会生活を送ることができるでしょう。

このように、「譲れる部分は譲る」という考え方を持つことで、日々の生活や仕事がよりスムーズになり、イライラやストレスも少なくなるはずです。自分にとって重要なことをしっかりと守りながらも、他の部分については柔軟に対応することで、より良い人間関係と仕事の成果を得ることができるでしょう。

人生の成功とは生まれた地点からの差

人生の成功は生まれたときから現在に至るまでの差が重要であり、現在地点だけで計ることはできません。もちろん、東京大学を卒業して、有名企業に勤務し、23区内にあるタワーマンションに住んでいる方は勝ち組と言えるかもしれませんが、その方はもともと家が裕福で、両親から引き継いだものが多く、生まれてきた時と現在に至るまでの差がそこまでない可能性があります。

一方で子どもの頃は貧しい思いをして、苦学生ながらなんとか学校を卒業し、現在は年収５００万円で生活をしている方がいるとします。その方は現在の立ち位置だけで見れば、勝ち組ではないかもしれませんが、過去に出発したところで考えると、大きく成長をしていると思います。

つまり、成功は単に現在の状況だけで判断するのではなく、過去と比較してどれだけ成長したか、どのように前進してきたかを見ることが大切です。この視点を持つことで、他人の努力や成長をより正しく評価できるようになるでしょう。

第４章まとめ

①物語と幸福感

人間は「こうなりたい」という物語を持たないと、幸せを感じにくくなる。物語がないと「自分は不幸だ」と感じがちで、幸福の基準を持つことが重要。

②物語を失わないために

これからやりたいこと、欲しいもの、大好きなものを心に留め、心のきらめきを忘れないようにする。物語を失うと、貯金や出世があっても心にさみしさしか残らない。

③不幸を知るために

世界に視線を移し、自分の幸せを実感する。

④自分の物語を語る準備

「今後どう生きたいか」と「それに向けた努力」を明確にする。

⑤辛いときの対処法

幸せレベルを下げてみることで、小さな幸せに気づく。

⑥自分の好きなものを覚えておく

寝る前に休日の予定を考える、YouTubeのお気に入りリストを作る、思い出の写真を見返すなどの方法が有効。

⑦楽しい瞬間の写真撮影

楽しいと感じたときに写真を撮ることで、後で楽しい記憶を思い出す助けになる。

⑧世の中の建前の重要性

「譲れる部分は譲る」スタンスを持ち、譲れない部分だけは主張することで、スムーズな社会生活が送れる。

⑨人生の成功とは生まれた地点からの差

成功は現在の状況だけでなく、過去と現在の差を評価することが重要。

コラム

陰謀論に染まらないためにも

ニーチェの有名な言葉に「怪物と戦う者は、戦ううちに自分も怪物とならないように用心した方がいい。深淵をのぞく時、深淵もまたこちらをのぞいているのだ」という一文があります。この言葉の解釈は人それぞれですが、私はこの言葉が現代社会を生きる私たちにとって非常に重要な戒《いまし》めだと思います。

では、現代人にとっての「深淵」とは何かと言えば、それは「ＳＮＳ」であると考えます。最近、社会全体で問題になりつつあるのが陰謀論です。ＳＮＳが発展する前は、新聞が主要な情報源でした。新聞は、どの新聞を読むかによって情報の内容が異なることがありましたが、選択肢が限られていたため、思想的な違いがあっても得られる情報には一定の範囲がありました。つまり、人間が選べる情報はパッケージ化されていたと言えます。それが「どの新聞を読む

か?」であり、新聞の違いによって他者との意思疎通ができないことはありませんでした。しかし、メディアが人々の思想に大きな影響を与えることがあり、時には極端な思想による対立が生じることもあります。最たる例が戦争や学生運動です。

ある意味では、新聞が主流の時代は、人間社会自体が怪物であり深淵だったと言えるでしょう。しかし、新聞からＳＮＳに情報源が移行するにつれて、多くの人々がパッケージ化されていない様々な情報に触れるようになりました。その結果、一部の人々は「新聞では決して紹介されない真実」や「巨大権力によって隠された真の歴史」といった怪しい情報にアクセスすることになります。これらのサイトの情報はほとんどが根拠に欠けるものでありながら、心に隙間があると信じ込んでしまうことがあります。そして、考え方や思想が激変してしまうのです。

私の知り合いで、怪しい陰謀論に取り憑《つ》かれた人がいます。彼は非常に真面目な勉強家で、新聞を欠かさず読む知識人でしたが、久しぶりに会うと、エビデンスのない陰謀論に洗脳され、陰謀に満ちた世界と戦う戦士のような振る舞いをしていました。彼がなぜそうなったのかを尋ねたところ、コロナ禍で一冊の陰謀論に関する本を読んだことがきっかけだったそうです。その後、彼は陰謀論に関する本を読み漁《あさ》り、気がつけばこの世のあらゆることを疑い始めました。友人が「たまには新聞でも読んだ方がいいよ」と勧めると、彼は「新聞には嘘しか書いていない。真実はネットと本の中にある」と言って、二度と新聞を読まなくなりました。つまり、彼はこの世の深淵を陰謀論の本の中に見つけ、深淵に取り込まれて怪物になってしまったのです。

この一例のように、ＳＮＳの発展により深淵に取り込まれて怪物になってしまう人が増えていると言われています。確かに、新聞が常に真実を書くわけではなく、新聞の力が悪用された結果、ナチスドイツが誕生したり、日本が太平洋戦争に突入したのも事実です。これは、情報そのものが人間社会の深淵に取り込まれたとも言えます。しかし、現代では、新聞が過去の悪例を反省し、社会全体がコンプライアンスを重視している一方で、私たちの手のひらにあるスマホには、深淵への入り口が潜んでいます。

孤独を感じているとき、社会に不平不満を感じているとき、急速な多様化に疑問を感じるとき、将来への不安を感じるとき、あなたの手のひらの中の深淵があなたを誘い込みます。ＳＮＳによる情報の氾濫が特に恐ろしいのは、社会を分断させることです。これまでは、民主主義国家であれば、国会で意見をぶつけ合うことができましたが、陰謀論に染まった人々の代表者が国会に立つことはありません。その結果、極端な思想を持った人々が暴力的な行動や反社会的な行動を起こすことになります。反社会的な人々が増えると、極右や極左の政党の支持率が上がり、まともに議論することが困難になっていきます。日本では比較的感じにくいかもしれませんが、ヨーロッパの一部の国々では、社会が徹底的に分断され、暴動や死亡者が相次いでいるのが現実です。ＳＮＳの深淵が怪物たちの戦いと言えるかもしれません。

ＳＮＳを利用した社会の分断は、政治的意図で国家ぐるみで行われることもありますが、実際にはインフルエンサーがインプレッションを稼ぐために自発的に増幅される傾向があります。「人々が興味を持ち、注目される方へ」という形で、嘘でも本当でも構わず注目を集める方向に話が膨らみ、都市伝説化していくのです。結果として、巨大な陰謀論が次々に誕生していきます。

アダム＝スミスは『国富論』の中で「見えざる手」について書きました。これは「市場経済においてそれぞれの利益を追求することで、神の『見えざる手』によって社会全体の利益になる」という考え方です。しかし、アダム＝スミスの時代にはＳＮＳやインフルエンサーは存在しませんでした。現代では、市場経済における「見えざる手」が、悪魔の「見えざる手」のように陰謀論の深淵を加速させています。特に近年ではＡＩが自動で文章を生成し、インプレッションを稼げる時代になっています。このままでは、ＡＩが生み出す偽の情報によって世界が混乱する危険性があります。

それでは、現代社会に生きる私たちが深淵に落ちて怪物にならないためには何が重要かと言えば、家族や友人を大切にし、地域社会のために取り組み、孤独な人に手を差し伸べることです。結局、社会に不平不満がある人、孤独を感じている人ほど、陰謀論の深淵に飲み込まれやすいのです。

この世にインターネットでめくれるほどの裏側はなく、もしあったとしても、それは薄っぺらなものだろうと思います。自衛隊の持っている秘密の情報も、素人が見れば「これのどこが秘密の情報なの？」と思うでしょう。行政職に就いている人であれば、世の中の秘密はそういうものだとわかるでしょう。世の中はインターネットに書かれているほどドラマチックではなく、自衛隊の情報系の人もネットの怪しい情報よりも新聞をしっかり読み分析する方が価値はあると言っています。むしろ、自衛隊が知らないことまで新聞が知っていることもあるくらいです。つまり、大切なのは、この世の闇と戦う怪物になることではなく、社会を大切にし、新聞をよく読み、自分で考えることではないでしょうか。

おわりに

人生には辛いことがたくさんありますし、やはり心が挫けてしまいそうなこともたくさんあると思います。私は本書の執筆が直近では一番辛く、さまざまな人に相談をしながら、ここまでやってきました。人生は辛いときに「もうダメだ…」と思ってしまうとそこで終了になってしまうので、さまざまな人に相談をし、見方を変えながら挑戦をしていくといいと思います。

「たのしい、うれしい」という感情は確かに素晴らしいものですが、残念ながらあまり記憶には残らず、すぐに忘れてしまう傾向にあります。一方で「辛い、しんどい、くるしい」という感情は記憶に残りやすく人間を大きく成長させる機会にもなります。

そのため、困難に直面したときは、自分を責めるだけではなく、その状況から学び、成長する機会と考えてみてもいいのではないでしょうか。困難を乗り越えることで経験や知識は、あなた自身をより強く、より豊かな人間へと成長させてくれるでしょう。辛いことがあったときには「嫌だなぁ」とばかり考えていることをやめ、前向きに進んでいくことも大切です。

本書が、読者のみなさんの心の支えになることを切に願っています。

ぱやぱやくん

防衛大学校卒 元陸上自衛官。退職後は会社員を経て、現在はエッセイストとして活躍中。元来「意識低い系」で、会社員時代は月曜朝からブルーな気分に。そんななか自衛隊の教訓や思い出話をネットで公開し話題になる。最近では「仕事中のイライラがなくなった」「気の重い会議も頑張れそう」といった声が続出中。名前の由来は、幹部候補生学校で教官からよく言われた「お前らはいつもぱやぱやして！」という叱咤激励に由来する。
著書に『陸上自衛隊ますらお日記』(KADOKAWA)、『飯は食えるときに食っておく 寝れるときは寝る』(育鵬社)、『弱さを抱きしめて、生きていく。』(PHP研究所）など。 X（旧 Twitter）アカウントは @paya_paya_kun

その絶望感《ぜつぼうかん》って、本当《ほんとう》は心《こころ》のまぼろしじゃない？
不安《ふあん》や悩《なや》みがすぐに消《き》える41の方法《ほうほう》

2024年11月1日　初版発行

著　者　ぱやぱやくん
発行者　和田智明
発行所　株式会社 ぱる出版

〒160-0011　東京都新宿区若葉1-9-16
03(3353)2835－代表
03(3353)2826－FAX
印刷・製本　中央精版印刷(株)
本書籍に関するお問い合わせ、ご連絡は下記にて承ります。
https://www.pal-pub.jp/contact

©2024 PayaPayakun　Printed in Japan
落丁・乱丁本は、お取り替えいたします

ISBN978-4-8272-1472-7　C0034